保育内容・健康

松岡　哲雄 著

青山社

はじめに

　現代社会は、都市化、少子化が進み、社会環境や生活様式が変化してきています。このような社会の変化は幼児において、深刻な影響を与えています。一昔前は、道路や公園、空き地などで自由に遊ぶ風景が見られました。しかし、近年は車の増加で道路などの遊び場は奪われ、空き地には家やマンションが建設され、公園は安全面から遊具や遊び方まで様々な制約がかけられ、子どもたちが自由に使えなくなってきています。そのことにより、子どもたちの遊ぶ場所・遊ぶ仲間・遊ぶ時間なども減少しています。子どもたちの運動量の減少と遊び体験の減少は、体力や運動能力にも影響を与えています。また、運動不足からくる疲労感・空腹感の減少は生活リズムの乱れの問題となってでてきています。

　スキャモンの発育・発達曲線によると、脳は生まれてから6歳頃までに成人の90％近くまで成長を遂げます。この時期に体だけでなく、心や社会性などもおおよその特性が形成されます。子どもは大人の背中を見て成長します。保育者が子どもたちと外遊びを楽しんでいたら、子どもも一緒に遊ぼうとします。手洗い、うがいも子どもの前でしっかりお手本となって行えば、子ども自身も主体的に動いて行うようになります。そういう意味でも、保護者同様に大きな影響力をもつ保育者の存在はとても重要です。

　本書は保育士・幼稚園養成課程の学生を対象としており「保育内容・健康」の授業テキストとして使えるように作成したものです。

　本書の特徴として、理解しやすいようにできるだけ図表を多く取り入れたり、難しい漢字や語句などにはふりがなや注釈を入れたりしています。また、遊びの展開例の中に言葉かけも記載し、実践しやすいように配慮しています。ならびに、最新の研究として「運動が苦手」、「ふらふらしていてよくこける」、「集中力がなくじっとしていられない」などの子どもの症状を「見る力」を高めることで改善が期待できるビジョントレーニングについても紹介しています。

　本書籍の作成に当たり、ご協力いただきました、東京慈恵会医科大学・客員教授松岡美佳先生ならびに姫路獨協大学准教授保田恵莉先生には心より感謝申し上げます。

　最後に、本書が学生の方々に広く活用され、保育実践者としての理解を深めていただけたら幸いです。

2019年11月

松岡　哲雄

目 次

はじめに iii

第1章 幼児教育の基本と領域「健康」 1

1. 「幼稚園教育要領」「保育所保育指針」「幼保連携型認定こども園教育・保育要領」の改訂（定）のポイントと解説 1
 1.1 「幼稚園教育要領」「保育所保育指針」「幼保連携型認定こども園教育・保育要領」の共通化について 1
 1.2 領域「健康」の「ねらい」「内容」「内容の取扱い」とは 1
 1.3 小学校教育との連携 2
 1.4 幼児期の終わりまでに育ってほしい姿 2
 1.5 3法令比較表 3
 1.6 「旧 幼稚園教育要領」と「新 幼稚園教育要領」の比較対照表 6

第2章 乳幼児の体と発育・発達 9

1. 身体各部の発育プロセス 9
 1.1 スキャモンの発育・発達曲線 9

2. 形態的発達 10
 2.1 身長 10
 2.2 体重 11
 2.3 胸部 11
 2.4 頭部 12
 2.5 脳の発達 12
 2.6 脳の成長と運動機能の発達 14
 2.7 歯の発達 14
 2.8 骨 16

3. 身体発育の評価 17
 3.1 乳幼児の体の発育と発達 17
 3.2 体格の測定 17

4. 運動機能の発達　粗大運動・微細運動・発達の順序 23
 4.1 粗大運動 23
 4.2 微細運動の発達 26

5. 原始反射と姿勢反射 27
 5.1 原始反射 27

	5.2	姿勢反射とは 31

◆6. 幼児の土踏まずの形成と測定 32
　　6.1　足裏の３つのアーチ 32
　　6.2　土踏まずの役割 32
　　6.3　足型測定の意義 33
　　6.4　足型測定の仕方と評価 33
　　6.5　土踏まずと体力・運動能力との関係 36
　　6.6　室内でできる土踏まず形成の遊び 37

第3章　幼児の健康維持・増進のための身体活動 39

◆1. 幼児の体力と運動遊び 39
　　1.1　幼児期に求められる体力とは 39
　　1.2　幼児期の運動の必要性 42
　　1.3　幼児期の運動の在り方とは 42
　　1.4　多様な動きを引き出す運動遊びのポイント 46
　　1.5　多様な動きを引き出す様々な運動遊び 49
　　1.6　子どもを取り巻く環境の変化について 72

◆2. 子どもの発達の課題からのアプローチ 72
　　2.1　運動の発達の特性と動きの獲得 72
　　2.2　ボール投げについて 73
　　2.3　登り棒について 76
　　2.4　生活面・学習面・運動面の発達を促すビジョントレーニング 80
　　2.5　ビジョントレーニングを取り入れた運動遊びの効果 83

第4章　基本的生活習慣の理解と形成 89

◆1. 基本的生活習慣の形成と指導 89
　　1.1　基本的生活習慣とは 89
　　1.2　食事の自立 89
　　1.3　排泄の自立 91
　　1.4　衣服の着脱の自立 91
　　1.5　清潔 92
　　1.6　睡眠 93

第5章　安全管理と安全教育 97

◆1. 乳幼児に起こりやすい事故 97
　　1.1　乳幼児における不慮の事故 97

◆2. 安全教育と事故予防 99
　　2.1　園内における安全教育と事故予防 99
　　2.2　園内の事故 99
　　2.3　保育中の死亡事故 102

2.4　安全管理の必要性 103
3. 応急処置について 104
　　3.1　打撲・捻挫・骨折・肉離れ 104
　　3.2　擦過傷（すり傷） 105
　　3.3　出血（止血法） 105
　　3.4　鼻出血 106
　　3.5　頭部外傷 107
　　3.6　熱中症 107
　　3.7　気道内異物 108
　　3.8　消化管異物 110
4. 心肺蘇生の方法とAEDの使用方法について 116
　　4.1　一次救命処置 116
　　4.2　心肺蘇生法 118
　　4.3　AED（自動体外式除細動器） 121
5. 感染症の知識と対応について 124
　　5.1　感染経路について 124
　　5.2　学校感染症と出席停止期間 126
　　5.3　第二種感染症について 128

参考文献 135

索　引 139

第1章

幼児教育の基本と領域「健康」

1. 「幼稚園教育要領」「保育所保育指針」「幼保連携型認定こども園教育・保育要領」の改訂(定)のポイントと解説

1.1 「幼稚園教育要領」「保育所保育指針」「幼保連携型認定こども園教育・保育要領」の共通化について

2017年(平成29年)3月31日、「幼稚園教育要領」「保育所保育指針」「幼保連携型認定こども園教育・保育要領」(以下、3法令とする)が同時に改訂(定)告示され、1年間の周知期間を経て、2018年(平成30年)4月1日より施行された。3つの指針・要領が同時に告示・施行されたのは今回が初めてである。

この3法令では、3歳以上の教育においては「育みたい資質・能力」及び「幼児期の終わりまでに育ってほしい姿」(10の姿)の考え方や「領域」、「内容」、「内容の取扱い」等の表記を「共通化」させたところは、大きな特徴の1つである[1)2)3)]。

1.2 領域「健康」の「ねらい」「内容」「内容の取扱い」とは

3法令の中で、育みたい資質・能力と幼児の生活する姿から捉えたものが「ねらい」である。この「ねらい」は、園での生活全体を通じ、幼児が様々な体験を積み重ねる中で相互に関連をもちながら次第に達成に向かうものである。

「内容」は、「ねらい」を達成するための事項である。その「ねらい」を身に付けるためには、「何を経験すればよいのか」というときの「何を」に当たる部分である。また、幼児が環境に関わって展開する具体的な活動を通して総合的に指導されるものである。

「内容の取扱い」は、「内容」に書かれている事項を保育者がどのように援助や配慮をして、

経験させていくべきかということが示されている。要するに、内容の取扱いは、幼児の発達を踏まえた指導を行うにあたって留意すべき事項ということである。

1.3　小学校教育との連携

　小学校以降も重要視されている生きる力の基礎を幼児期に育むことが求められている。そのためには、小学校以降の発達を見通しながら教育活動を展開し、園生活において幼児の自発的な活動である遊びや生活を通して育みたい資質・能力を育むことが大切である。

　資質・能力とは、「知識及び技能の基礎」「思考力、判断力、表現力等の基礎」「学びに向かう力、人間性等」の3つである。小・中学校の学習指導要領にも「知識及び技能」「思考力、判断力、表現力等」「学びに向かう力、人間性等」の3つが載っている。小・中学校と違う部分は、「知識及び技能の基礎」「思考力、判断力、表現力等の基礎」の「〜の基礎」の部分である。これらの文言からも、幼児教育ではこれらの基礎が培われ、小学校以上では教科等の指導により成長していき、幼児教育と小学校教育の系統性が重要視されていることが分かる。

1.4　幼児期の終わりまでに育ってほしい姿

　この改訂（定）では、3法令ともに、「知識及び技能の基礎」「思考力、判断力、表現力等の基礎」「学びに向かう力、人間性等」という3つの資質・能力の柱が「幼児期の終わりまでに育ってほしい姿」(10の姿)として示され、具体的な姿や保育者の指導のポイントがまとめられた。この「幼児期の終わりまでに育ってほしい姿」(10の姿)は、年長児から小学校にかけて成長していく様子を示したものとなっているが、あくまでも方向性であって、幼児期に100%実現しなければならないといった到達目標ではないので、「姿」となっている。また、個別に取り出されて指導されるものではないことにも留意する必要がある。

　「幼児期の終わりまでに育ってほしい姿」(10の姿)と、主に対応すると考えられる領域を括弧内に示す。(1)健康な心と体（健康）、(2)自立心（人間関係）、(3)協同性（人間関係）、(4)道徳性・規範意識の芽生え（人間関係）、(5)社会生活との関わり（人間関係・環境）、(6)思考力の芽生え（環境）、(7)自然との関わり・生命尊重（環境）、(8)数量・図形、文字等への関心・感覚（環境・言葉）、(9)言葉による伝え合い（言葉）、(10)豊かな感性と表現（表現）。以上が10の姿と主に対応すると考えられる領域になるが、括弧で示した領域は、その領域のみで育まれるものではなく、5つの領域の「ねらい及び内容」に基づく活動全体を通して育まれることにも留意する必要がある。

　この「幼児期の終わりまでに育ってほしい姿」(10の姿)では、まず初めに、「1.健康な心

と体」の「健康」に関する領域の内容となっている。10の姿に序列は示されていないが、「健康な心と体」が1番目にくる理由として、健康な心と体は、人が生きていく上での基礎となる部分であるからだと考えられる。心も体も健康な状態になることで、体を十分に動かして遊んだり、生活できたりといった、密接な関係がある。また活動の中で、保育者が指示をしなくても、自ら見通しをもって健康で安全な生活をつくり出していけるようになることも目標の1つである。例えば、暑くなったら上着を脱ぐ、外で遊んだ後は手洗いをするといったことである。

1.5 3法令比較表

下記の表は、2018年（平成30年）4月1日より施行された「幼稚園教育要領」「保育所保育指針」「幼保連携型認定こども園教育・保育要領」の、3歳以上の「健康」領域を示したものである（図表1-1）。条文の下線は、内容上の変更があった箇所である（漢字からひらがなへの記述の仕方の変更などは記載していない）。この3法令では、3歳以上の教育においては「育みたい資質・能力」及び「幼児期の終わりまでに育ってほしい姿」(10の姿)の考え方や「領域」、「内容」、「内容の取扱い」等の表記を「共通化」させたところに特徴がある。また、全てが同じ表記でない箇所もあるのが、内容面では完全一致と考えることができる。

図表1-1　3法令比較表

幼稚園教育要領	保育所保育指針	幼保連携型認定こども園
健康 健康な心と体を育て、自ら健康で安全な生活をつくり出す力を養う。 1 ねらい (1) 明るく伸び伸びと行動し、充実感を味わう。 (2) 自分の体を十分に動かし、進んで運動しようとする。 (3) 健康、安全な生活に必要な習慣や態度を身に付け、<u>見通しをもって行動する。</u> 2 内容 (1) 先生や友達と触れ合い、安定感をもって行動する。 (2) いろいろな遊びの中で十分に体を動かす。 (3) 進んで戸外で遊ぶ。 (4) 様々な活動に親しみ、楽しんで取り組む。	ア 健康 健康な心と体を育て、自ら健康で安全な生活をつくり出す力を養う。 (ア) ねらい ① 明るく伸び伸びと行動し、充実感を味わう。 ② 自分の体を十分に動かし、進んで運動しようとする。 ③ 健康、安全な生活に必要な習慣や態度を身に付け、<u>見通しをもって行動する。</u> (イ) 内容 ① 保育士等や友達と触れ合い、安定感をもって行動する。 ② いろいろな遊びの中で十分に体を動かす。 ③ 進んで戸外で遊ぶ。 ④ 様々な活動に親しみ、楽しんで取り組む。	健康 健康な心と体を育て、自ら健康で安全な生活をつくり出す力を養う。 1 ねらい (1) 明るく伸び伸びと行動し、充実感を味わう。 (2) 自分の体を十分に動かし、進んで運動しようとする。 (3) 健康、安全な生活に必要な習慣や態度を身に付け、<u>見通しをもって行動する。</u> 2 内容 (1) 保育教諭等や友達と触れ合い、安定感をもって行動する。 (2) いろいろな遊びの中で十分に体を動かす。 (3) 進んで戸外で遊ぶ。 (4) 様々な活動に親しみ、楽しんで取り組む。

幼稚園教育要領	保育所保育指針	幼保連携型認定こども園教育・保育要領

(5) 先生や友達と食べることを楽しみ、食べ物への興味や関心をもつ。

(6) 健康な生活のリズムを身に付ける。

(7) 身の回りを清潔にし、衣服の着脱、食事、排泄などの生活に必要な活動を自分でする。

(8) 幼稚園における生活の仕方を知り、自分たちで生活の場を整えながら見通しをもって行動する。

(9) 自分の健康に関心をもち、病気の予防などに必要な活動を進んで行う。

(10) 危険な場所、危険な遊び方、災害時などの行動の仕方が分かり、安全に気を付けて行動する。

3 内容の取扱い

上記の取扱いに当たっては、次の事項に留意する必要がある。

(1) 心と体の健康は、相互に密接な関連があるものであることを踏まえ、幼児が教師や他の幼児との温かい触れ合いの中で自己の存在感や充実感を味わうことなどを基盤として、しなやかな心と体の発達を促すこと。特に、十分に体を動かす気持ちよさを体験し、自ら体を動かそうとする意欲が育つようにすること。

(2) 様々な遊びの中で、幼児が興味や関心、能力に応じて全身を使って活動することにより、体を動かす楽しさを味わい、自分の体を大切にしようとする気持ちが育つようにすること。その際、多様な動きを経験する中で、体の動きを調整するようにすること。

(3) 自然の中で伸び伸びと体を動かして遊ぶことにより、体の諸機能の発達が促されることに留意し、幼児の興味や関心が戸

---

⑤ 保育士等や友達と食べることを楽しみ、食べ物への興味や関心をもつ。

⑥ 健康な生活のリズムを身に付ける。

⑦ 身の回りを清潔にし、衣服の着脱、食事、排泄などの生活に必要な活動を自分でする。

⑧ 保育所における生活の仕方を知り、自分たちで生活の場を整えながら見通しをもって行動する。

⑨ 自分の健康に関心をもち、病気の予防などに必要な活動を進んで行う。

⑩ 危険な場所、危険な遊び方、災害時などの行動の仕方が分かり、安全に気を付けて行動する。

(ウ) 内容の取扱い

上記の取扱いに当たっては、次の事項に留意する必要がある。

① 心と体の健康は、相互に密接な関連があるものであることを踏まえ、子どもが保育士等や他の子どもとの温かい触れ合いの中で自己の存在感や充実感を味わうことなどを基盤として、しなやかな心と体の発達を促すこと。特に、十分に体を動かす気持ちよさを体験し、自ら体を動かそうとする意欲が育つようにすること。

② 様々な遊びの中で、子どもが興味や関心、能力に応じて全身を使って活動することにより、体を動かす楽しさを味わい、自分の体を大切にしようとする気持ちが育つようにすること。その際、多様な動きを経験する中で、体の動きを調整するようにすること。

③ 自然の中で伸び伸びと体を動かして遊ぶことにより、体の諸機能の発達が促されることに留意し、子どもの興味や関心が戸

---

(5) 保育教諭等や友達と食べることを楽しみ、食べ物への興味や関心をもつ。

(6) 健康な生活のリズムを身に付ける。

(7) 身の回りを清潔にし、衣服の着脱、食事、排泄などの生活に必要な活動を自分でする。

(8) 幼保連携型認定こども園における生活の仕方を知り、自分たちで生活の場を整えながら見通しをもって行動する。

(9) 自分の健康に関心をもち、病気の予防などに必要な活動を進んで行う。

(10) 危険な場所、危険な遊び方、災害時などの行動の仕方が分かり、安全に気を付けて行動する。

3 内容の取扱い

上記の取扱いに当たっては、次の事項に留意する必要がある。

(1) 心と体の健康は、相互に密接な関連があるものであることを踏まえ、園児が保育教諭等や他の園児との温かい触れ合いの中で自己の存在感や充実感を味わうことなどを基盤として、しなやかな心と体の発達を促すこと。特に、十分に体を動かす気持ちよさを体験し、自ら体を動かそうとする意欲が育つようにすること。

(2) 様々な遊びの中で、園児が興味や関心、能力に応じて全身を使って活動することにより、体を動かす楽しさを味わい、自分の体を大切にしようとする気持ちが育つようにすること。その際、多様な動きを経験する中で、体の動きを調整するようにすること。

(3) 自然の中で伸び伸びと体を動かして遊ぶことにより、体の諸機能の発達が促されることに留意し、園児の興味や関心が戸

外にも向くようにすること。その際、幼児の動線に配慮した園庭や遊具の配置などを工夫すること。 (4) 健康な心と体を育てるためには食育を通じた望ましい食習慣の形成が大切であることを踏まえ、幼児の食生活の実情に配慮し、和やかな雰囲気の中で教師や他の幼児と食べる喜びや楽しさを味わったり、様々な食べ物への興味や関心をもったりするなどし、<u>食の大切さに気付き、</u>進んで食べようとする気持ちが育つようにすること。 (5) 基本的な生活習慣の形成に当たっては、家庭での生活経験に配慮し、幼児の自立心を育て、幼児が他の幼児と関わりながら主体的な活動を展開する中で、生活に必要な習慣を身に付け、<u>次第に見通しをもって行動できるようにすること。</u> (6) 安全に関する指導に当たっては、情緒の安定を図り、遊びを通して安全についての構えを<u>身に付け、</u>危険な場所や事物などが分かり、安全についての理解を深めるようにすること。また、交通安全の習慣を身に付けるようにするとともに、<u>避難訓練などを通して、災害などの緊急時に適切な行動がとれるようにすること。</u>	<u>外にも向くようにすること。その際、子どもの動線に配慮した園庭や遊具の配置などを工夫すること。</u> ④ <u>健康な心と体を育てるためには食育を通じた望ましい食習慣の形成が大切であることを踏まえ、子どもの食生活の実情に配慮し、和やかな雰囲気の中で保育士等や他の子どもと食べる喜びや楽しさを味わったり、様々な食べ物への興味や関心をもったりするなどし、食の大切さに気付き、進んで食べようとする気持ちが育つようにすること。</u> ⑤ <u>基本的な生活習慣の形成に当たっては、家庭での生活経験に配慮し、子どもの自立心を育て、子どもが他の子どもと関わりながら主体的な活動を展開する中で、生活に必要な習慣を身に付け、次第に見通しをもって行動できるようにすること。</u> ⑥ <u>安全に関する指導に当たっては、情緒の安定を図り、遊びを通して安全についての構えを身に付け、危険な場所や事物などが分かり、安全についての理解を深めるようにすること。また、交通安全の習慣を身に付けるようにするとともに、避難訓練などを通して、災害などの緊急時に適切な行動がとれるようにすること。</u>	外にも向くようにすること。その際、園児の動線に配慮した園庭や遊具の配置などを工夫すること。 (4) 健康な心と体を育てるためには食育を通じた望ましい食習慣の形成が大切であることを踏まえ、園児の食生活の実情に配慮し、和やかな雰囲気の中で保育教諭等や他の園児と食べる喜びや楽しさを味わったり、様々な食べ物への興味や関心をもったりするなどし、<u>食の大切さに気付き、</u>進んで食べようとする気持ちが育つようにすること。 (5) 基本的な生活習慣の形成に当たっては、家庭での生活経験に配慮し、園児の自立心を育て、園児が他の園児と関わりながら主体的な活動を展開する中で、生活に必要な習慣を身に付け、<u>次第に見通しをもって行動できるようにすること。</u> (6) 安全に関する指導に当たっては、情緒の安定を図り、遊びを通して安全についての構えを<u>身に付け、</u>危険な場所や事物などが分かり、安全についての理解を深めるようにすること。また、交通安全の習慣を身に付けるようにするとともに、<u>避難訓練などを通して、災害などの緊急時に適切な行動がとれるようにすること。</u>

※条文の ── 線は、内容上の変更のあった箇所である。

1.6 「旧 幼稚園教育要領」と「新 幼稚園教育要領」の比較対照表

　図表1-2は、「旧 幼稚園教育要領」と「新 幼稚園教育要領」の比較対照表である[4)5)]。「新 幼稚園教育要領」の条文の下線は、内容上の変更があった箇所である。修正点のいくつかは、「幼児期の終わりまでに育ってほしい姿」（10の姿）に明記したものを簡略化している部分である。

　「新 幼稚園教育要領」の「ねらい」の(3)では「見通しをもって行動する。」、ならびに、「内容の取扱い」の(2)では「その際、多様な動きを経験する中で、体の動きを調整するようにすること。」が加えられているが、これは「幼児期の終わりまでに育ってほしい姿」（10の姿）の「(1)健康な心と体」の姿や、「(6)思考力の芽生え」の姿などの趣旨を受けており、重視しているものである。

　また、食育が強化されており、「内容」の(5)では、「食べ物への興味や関心をもつ。」が加えられ、食育の目指すところが、興味・関心であることを明確にしている。さらに、「内容の取扱い」の(4)では、「食の大切さに気付き、」が加えられ、食べる喜びや楽しさを感じながら、食べ物への興味や関心をもち、生きる上での食の大切さに気付くことの重要性が明示されている。

　「内容の取扱い」の(5)では、「次第に見通しをもって行動できるようにすること。」が加えられた。これは、「幼児期の終わりまでに育ってほしい姿」（10の姿）の「(1)健康な心と体」の姿や「(2)自立心」と関連している。

　「内容の取扱い」の(6)[注1]では「状況に応じて機敏に自分の体を動かすことができるようにするとともに、」から「安全についての構えを身に付け、」に変更された。これは、遊ぶときはルールを守らないと危ないことや、危険なことは避けたほうがいいことを自分自身が理解し、行動できるようにすることの重要性が明示されている。

　また、「避難訓練などを通して、」が新たに加えられた。災害は地域によって異なるが、津波や洪水、地震、火事など様々な災害や犯罪から自分自身が身を守るため、保育者とともに、緊急時の訓練を行うことの大切さを明示している。

注1　旧幼稚園教育要領において、第3章、「第1　指導計画の作成に当たっての留意事項」の「2　特に留意する事項」に示されていた安全に関する記述を、安全に関する指導の重要性の観点等から、新幼稚園教育要領では「内容の取扱い」（6）に明示している。

図表1−2 「旧 幼稚園教育要領」と「新 幼稚園教育要領」の比較対照表

旧 幼稚園教育要領	新 幼稚園教育要領
健康	健康
〔健康な心と体を育て、自ら健康で安全な生活をつくり出す力を養う。〕	〔健康な心と体を育て、自ら健康で安全な生活をつくり出す力を養う。〕
1 ねらい	1 ねらい
(1) 明るく伸び伸びと行動し、充実感を味わう。	(1) 明るく伸び伸びと行動し、充実感を味わう。
(2) 自分の体を十分に動かし、進んで運動しようとする。	(2) 自分の体を十分に動かし、進んで運動しようとする。
(3) 健康、安全な生活に必要な習慣や態度を身に付ける。	(3) 健康、安全な生活に必要な習慣や態度を身に付け、見通しをもって行動する。
2 内容	2 内容
(1) 先生や友達と触れ合い、安定感をもって行動する。	(1) 先生や友達と触れ合い、安定感をもって行動する。
(2) いろいろな遊びの中で十分に体を動かす。	(2) いろいろな遊びの中で十分に体を動かす。
(3) 進んで戸外で遊ぶ。	(3) 進んで戸外で遊ぶ。
(4) 様々な活動に親しみ、楽しんで取り組む。	(4) 様々な活動に親しみ、楽しんで取り組む。
(5) 先生や友達と食べることを楽しむ。	(5) 先生や友達と食べることを楽しみ、食べ物への興味や関心をもつ。
(6) 健康な生活のリズムを身に付ける。	(6) 健康な生活のリズムを身に付ける。
(7) 身の回りを清潔にし、衣服の着脱、食事、排泄などの生活に必要な活動を自分でする。	(7) 身の回りを清潔にし、衣服の着脱、食事、排泄などの生活に必要な活動を自分でする。
(8) 幼稚園における生活の仕方を知り、自分たちで生活の場を整えながら見通しをもって行動する。	(8) 幼稚園における生活の仕方を知り、自分たちで生活の場を整えながら見通しをもって行動する。
(9) 自分の健康に関心をもち、病気の予防などに必要な活動を進んで行う。	(9) 自分の健康に関心をもち、病気の予防などに必要な活動を進んで行う。
(10) 危険な場所、危険な遊び方、災害時などの行動の仕方が分かり、安全に気を付けて行動する。	(10) 危険な場所、危険な遊び方、災害時などの行動の仕方が分かり、安全に気を付けて行動する。
3 内容の取扱い	3 内容の取扱い
上記の取扱いに当たっては、次の事項に留意する必要がある。	上記の取扱いに当たっては、次の事項に留意する必要がある。
(1) 心と体の健康は、相互に密接な関連があるものであることを踏まえ、幼児が教師や他の幼児との温かい触れ合いの中で自己の存在感や充実感を味わうことなどを基盤として、しなやかな心と体の発達を促すこと。特に、十分に体を動かす気持ちよさを体験し、自ら体を動かそうとする意欲が育つようにすること。	(1) 心と体の健康は、相互に密接な関連があるものであることを踏まえ、幼児が教師や他の幼児との温かい触れ合いの中で自己の存在感や充実感を味わうことなどを基盤として、しなやかな心と体の発達を促すこと。特に、十分に体を動かす気持ちよさを体験し、自ら体を動かそうとする意欲が育つようにすること。
(2) 様々な遊びの中で、幼児が興味や関心、能力に応じて全身を使って活動することにより、体を動かす楽しさを味わい、安全についての構えを身に付け、自分の体を大切にしようとする気持ちが育つようにすること。	(2) 様々な遊びの中で、幼児が興味や関心、能力に応じて全身を使って活動することにより、体を動かす楽しさを味わい、自分の体を大切にしようとする気持ちが育つようにすること。その際、多様な動きを経験する中で、体の動きを調整するようにすること。

(3) 自然の中で伸び伸びと体を動かして遊ぶことにより、体の諸機能の発達が促されることに留意し、幼児の興味や関心が戸外にも向くようにすること。その際、幼児の動線に配慮した園庭や遊具の配置などを工夫すること。 (4) 健康な心と体を育てるためには食育を通じた望ましい食習慣の形成が大切であることを踏まえ、幼児の食生活の実情に配慮し、和やかな雰囲気の中で教師や他の幼児と食べる喜びや楽しさを味わったり、様々な食べ物への興味や関心をもったりするなどし、進んで食べようとする気持ちが育つようにすること。 (5) 基本的な生活習慣の形成に当たっては、家庭での生活経験に配慮し、幼児の自立心を育て、幼児が他の幼児とかかわりながら主体的な活動を展開する中で、生活に必要な習慣を身に付けるようにすること。 (第3章より移行) (1) 安全に関する指導に当たっては、情緒の安定を図り、遊びを通して状況に応じて機敏に自分の体を動かすことができるようにするとともに、危険な場所や事物などが分かり、安全についての理解を深めるようにすること。また、交通安全の習慣を身に付けるようにするとともに、災害などの緊急時に適切な行動がとれるようにするための訓練なども行うようにすること。	(3) 自然の中で伸び伸びと体を動かして遊ぶことにより、体の諸機能の発達が促されることに留意し、幼児の興味や関心が戸外にも向くようにすること。その際、幼児の動線に配慮した園庭や遊具の配置などを工夫すること。 (4) 健康な心と体を育てるためには食育を通じた望ましい食習慣の形成が大切であることを踏まえ、幼児の食生活の実情に配慮し、和やかな雰囲気の中で教師や他の幼児と食べる喜びや楽しさを味わったり、様々な食べ物への興味や関心をもったりするなどし、<u>食の大切さに気付き、</u>進んで食べようとする気持ちが育つようにすること。 (5) 基本的な生活習慣の形成に当たっては、家庭での生活経験に配慮し、幼児の自立心を育て、幼児が他の幼児と関わりながら主体的な活動を展開する中で、生活に必要な習慣を身に付け、<u>次第に見通しをもって行動できるようにすること。</u> (6) 安全に関する指導に当たっては、情緒の安定を図り、遊びを通して<u>安全についての構えを身に付け、</u>危険な場所や事物などが分かり、安全についての理解を深めるようにすること。また、交通安全の習慣を身に付けるようにするとともに、<u>避難訓練などを通して、</u>災害などの緊急時に適切な行動がとれるようにすること。

第2章

乳幼児の体と発育・発達

1. 身体各部の発育プロセス

1.1 スキャモンの発育・発達曲線

　スキャモン（Scammo, R. E.）は、子どもは年齢を重ねて成長していくなかで、「一般型」「生殖型」「リンパ型」「神経型」と4つのカテゴリに分かれて発育・発達していくとし、その成長を、誕生0歳から成熟20歳までの発育・発達曲線として示した（図表2-1）。

　一般型は、身長、体重、胸囲、筋肉、骨格、内蔵、血液量などの発育であり4歳頃までと思春期に急速な発育がみられる。

　生殖型は、男性の陰茎・睾丸、女性の卵巣・子宮などの発育に当たる。思春期の第二次性徴期になるまでほとんどこれらの発育はみられない。

　リンパ型は、リンパ節や扁桃などのリンパ組織の発育である。12歳頃の思春期に成人の200％に達するが、そこから徐々に低下していき成人の頃には100％に落ち着く。

　神経型は、脳、脊髄、視覚器、頭囲などの発育・発達を示したものである。この神経系は生まれて

図表2-1　スキャモンの発育・発達曲線

一般型：身長、体重、胸囲、筋肉、骨格、内蔵、血液量など
生殖型：陰茎・睾丸、卵巣・子宮など
リンパ型：リンパ節、扁桃など
神経型：脳、脊髄、視覚器、頭囲など

出典）Scammon, R. E. 1930より筆者作成

から6歳頃までに成人の90％近くの成長を遂げ、12歳でほぼ100％になる。この時期は、神経系の発達が著しく、様々な神経回路が形成されていく。筋力や持久力は鍛えなければ衰えるが、神経系は一度その経路ができ上がるとなかなか衰えることが少ないことが明らかになっている。

例えば、幼少期に自転車に乗れるようになるとしばらく乗らなくても、いつでもスムーズに乗ることができる。逆に、大人になってから自転車に乗る場合は、かなり厳しいことからも、新しい感覚を身に付けるのは幼少期であることが理解できる。したがって、この時期に多様な動きを身に付け、神経系の能力を高めることが重要である。また、この能力を高めることで、転倒した際にとっさに手を出して体を支えたり、周りの状況を予測して動いたりと、自らの危険回避能力を高めることにも繋がる。

2. 形態的発達

2.1 身長

出生時の身長は約50cmであり（図表2-2）、1歳児では出生時の身長の約1.5倍（約25cm）に伸び、この時期が発育過程で発育量が最も多い時期となる。2歳以降は緩やかな発育傾向を示し、4歳で出生時の約2倍（約100cm）になる。その後、学童期後半の思春期になると、女児の身長は11歳頃に急激に増加し、その後、男児の身長は13歳頃に急激に増加する（図表2-14、15）。

また年齢が小さいほど、身長に対する頭の比率が相対的に大きく、身長と頭のバランスは、新生児では4頭身、2歳頃では5頭身、6歳頃では6頭身、12歳頃では7頭身と変化する（図表2-3）。

図表2-2　出生時の身長・体重・頭囲の平均値

	男	女
身長(cm)	48.7	48.3
体重(g)	2,980	2,910
胸囲(cm)	31.6	31.5
頭囲(cm)	33.5	33.1

出典）厚生労働省雇用均等・児童家庭局「平成22年乳幼児身体発育調査報告書」2011年より筆者作成

第2章　乳幼児の体と発育・発達

図表2-3　身体のバランス

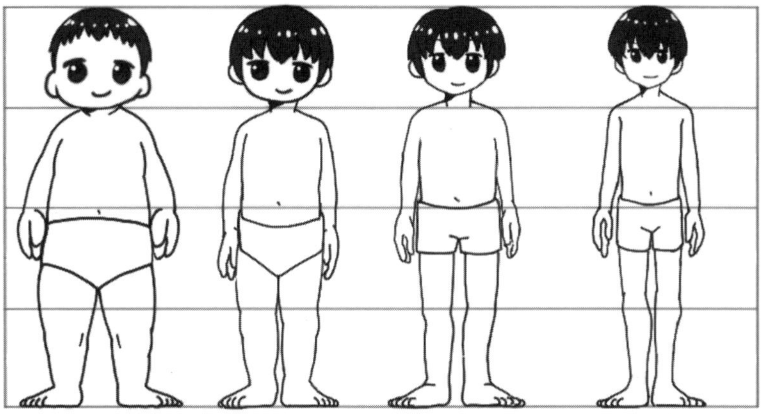

4頭身　5頭身　6頭身　7頭身

新生児　2歳　6歳　12歳

2.2　体重

　出生時の体重は約3kgで男児のほうが少し重い傾向がある（図表2-2）。また、新生児の体重は、生後数日間は生理的体重減少がみられ、3～10％減少する。

【生理的体重減少率の計算式　（出生時の体重－現在の体重）÷出生時の体重×100＝生理的体重減少率（％）】

　これは、母乳やミルクを飲む量よりも、尿・胎便（たいべん）・老廃物・汗など、排泄の重量の方が上回るために、体重減少となるのである。

　その後、約1週間程度で出生時の体重に戻る。出生時から3か月の体重増加は1日およそ30gになり、生後3～4か月には出生時の体重の約2倍（約6kg）になる。体重増加量は、乳児期前半が最も多く、その後少し緩やかになり、1歳児で約3倍（約9kg）に増加し、その後幼児期では体重増加量は年間約2kgずつである（図表2-16、17）。

2.3　胸部

　出生時の胸囲は約32cmであり（図表2-2）、頭囲より小さいが、1歳前後から胸囲のほうが大きくなる。1歳児では44～46cmになる（平成22年乳幼児身体発育調査報告書によれば、男児46.1cm、女児44.8cmであった）。出生後1年間の発育量が最も大きく、2歳以降は緩やかな発育傾向を示す（図表2-18、19）。胸囲も、身長、体重と同じような発育傾向をみせ、栄養状態にも影響される。

2.4 頭部

出生時の頭囲は約 33 cm であり（図表 2 − 2）、胸囲よりも大きい。

頭囲の発育傾向は（図表 2 − 20、21）、スキャモンの発育・発達曲線の神経型と同じ曲線を描くが、胸囲、身長、体重は一般型の曲線を描くため、発育傾向が違う。そのため、出生時から 1 歳前後までは胸囲より頭囲の方が大きいが、1 歳前後からは胸囲のほうが大きくなる。

頭蓋骨は、前頭骨、頭頂骨、後頭骨などいくつかの骨が組み合わさって形をなしているが、出生時はそれらの部分の骨縫合に間隙（かんげき）がみられる。前頭骨と頭頂骨に囲まれた部分を大泉門、頭頂骨と後頭骨に囲まれた部分を小泉門という。大泉門は 1 歳 6 か月頃、小泉門は生後 3 か月頃には閉鎖する。

骨縫合に間隙（かんげき）がみられる理由は、分娩時、産道を通って外に出るとき、そのままでは頭が大きく通りにくいため、この隙間部分の骨と骨を重ね、頭のサイズを小さくして外に出るためである。また、乳児期は、脳が急速に成長し大きくなるため、それに合わせて頭蓋骨も縫合部分が広がることで、脳の成長に合わせて大きくなれるようにするためでもある。

図表 2 − 4　乳児の頭部：大泉門と小泉門

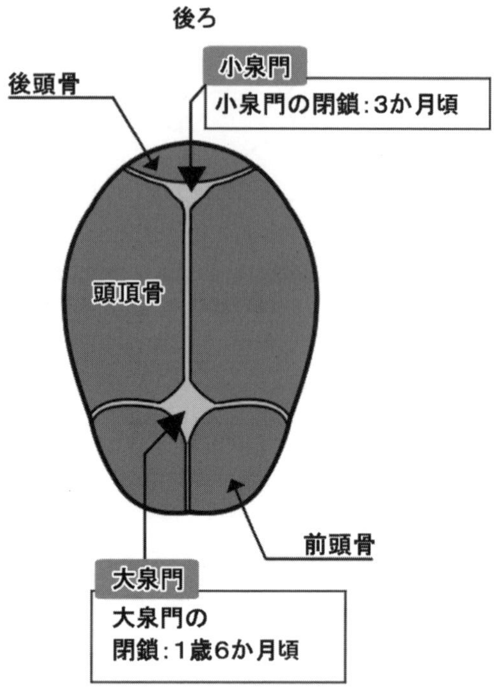

後ろ
後頭骨
小泉門
小泉門の閉鎖：3 か月頃
頭頂骨
前頭骨
大泉門
大泉門の閉鎖：1 歳 6 か月頃

2.5 脳の発達

脳の成長は、頭囲の発育と関連があり、頭囲と同様にスキャモンの発育・発達曲線の神経型の曲線を描く。出生時約 400 g の脳は、1 年後には約 2 倍の 800 g 程度、その後 6 歳までで成人の約 90％までになる（図表 2 − 5）。その後 20 歳頃までゆっくり増加する（成人の脳の重さは約 1,300 〜 1,400 g）。また脳は、他の臓器に比べて、とても早く発育する（図表 2 − 6）。ポール・マクリーン（Paul MacLean, 1913 〜 2007）によると、脳は 3 層構造になっており、脳の発育していく順番は、第一層の生命の中枢といわれる脳幹部、その次に第 2 層の感情の中枢といわれる大脳辺縁系、最後に第 3 層の理性の中枢といわれる大脳新

皮質が発育していく(図表2-7)。

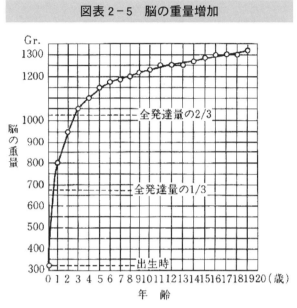

出典）柴岡三千夫『幼児体育指導教範』タイケン本社
　　　2001年　14頁

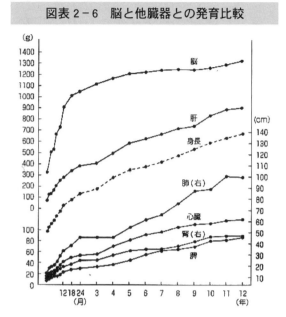

出典）三村寛一・安部惠子編著『新・保育と健康』
　　　嵯峨野書院　2018年　15頁

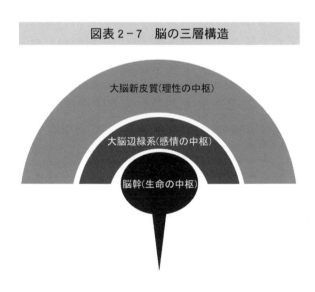

2.6 脳の成長と運動機能の発達

生まれたばかりの赤ちゃんの脳には、既に大人と同じ約140億もの神経細胞（ニューロン）ができ上がっている。しかし、その約140億の神経細胞はお互いにしっかりと繋がってはいない。また脳の神経細胞は数が増えるのではなく、神経細胞同士が繋がって広がっていくことで成長していく。この神経細胞同士の継ぎ目をシナプスという(図表2-8)。

刺激や経験を積むほど神経細胞同士はシナプスによって繋がって発達していく。したがってシナプスの数は、多ければ多いほど優れた脳になる。これが「脳が発達する」ということである。

また成長するにつれて、シナプスの「刈り込み」が行われるが、それでも脳の重量が増えるのは、神経細胞自身が大きくなり、細胞間のネットワークが増すためである。

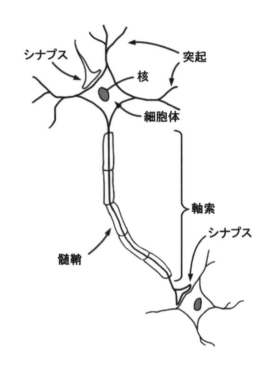

図表2-8 神経細胞（ニューロン）の模式図

2.7 歯の発達

歯には乳歯と永久歯があり、上顎骨（じょうがくこつ）と下顎骨の歯槽突起に一列に並んでいる（図表2-9）。乳歯の生え始める時期と順序には個体差があるが、概ね最初に下の前歯（乳中切歯（にゅうちゅうせっし））2本が生後6〜8か月で生え始める。次に上の前歯（乳中切歯）2本が生え、上下合わせて4本となる。次いで1歳頃に上下の乳側切歯が生える。1歳半頃までに乳犬歯より先に奥歯の第1乳臼歯（にゅうきゅうし）が生え、その後、乳犬歯、第2乳臼歯の順に生える。そして、2〜3歳で上下10本ずつ計20本が生えそろう。歯の生える特徴として、乳側切歯までは、前方から後方に向かい左右対称に生えていくが、乳犬歯からは、奥の第1乳臼歯（にゅうきゅうし）から先に生えることが多いことを押さえておく必要がある。また、乳歯は5〜6歳頃に抜け始め、同時に永久歯が生え始める。最初に生える永久歯は、第一大臼歯であり、6歳頃に生えてくるので、6歳臼歯ともいわれている。第一大臼歯はものを噛み砕くのにもっとも重要で、永久歯の歯並びとかみ合わせの基礎になる大切な歯であるが、上の前歯（乳中切歯（にゅうちゅうせっし））の次に、非常にむし歯になりやすく、生えてから1年のうちに約50％の子どもがむし歯になる。

図表2-9 永久歯と乳歯

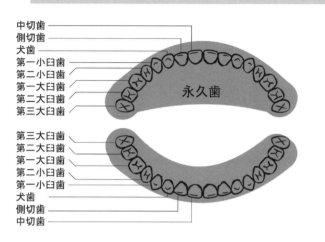
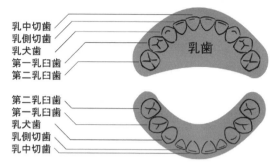

これは、唾液腺の出口と密接な関係があり、逆に唾液腺の出口に近い下の前歯（乳中切歯（にゅうちゅうせっし））などはむし歯になりにくいことも明らかになっている。その後、乳歯が抜け、永久歯が生え、第2大臼歯、最後に親しらずと呼ばれる第3大臼歯（智歯（ちし））が生える。永久歯は、第3大臼歯を除いて12～13歳頃までには上下合わせて28本生えそろう。第3臼歯は17～21歳頃に生えて、永久歯は32本となる。しかし第3臼歯は、個人差があり、上下4本が生えないこともある。

図に示したように唾液腺には、耳下腺（じかせん）、顎下腺（がっかせん）、舌下腺（ぜっかせん）という大唾液腺と小唾液腺がある（図表2-10）。大唾液腺は口腔内に開口する管を持ち、管を通じて唾液を口に流出する。

大唾液腺の耳下腺は耳たぶの下にある最も大きな唾液腺で、上顎（じょうがく）の大臼歯の位置に相当する頬の粘膜に唾液の出口がある。

舌下腺と顎下腺は、舌の裏側の中央つけ根に唾液腺の出口がある。

小唾液腺は口腔内の粘膜に広く分布し、唾液の出口が粘膜に開いている。

図表2-10 三大唾液腺

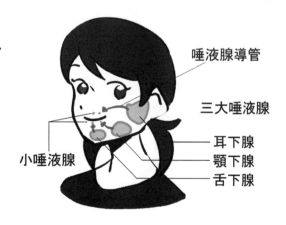

2.8 骨

　乳幼児の骨は約 305 個あり、成長に備えて骨の端が軟骨で分離している。また、成人では 1 個の骨が、乳幼児では 2 個かそれ以上に分かれている。これらの骨は成長するにしたがって 1 個になり、やがては成人と同じ約 206 個に落ち着く。

　骨は体重の約 20％を占め、それらの骨は、私たちの (1) 体を支える、(2) 内臓を守る、などの構造的な機能の他に、(3) 血液を作る、(4) カルシウムを貯蔵する、という役割を持っている。骨の中心部の空洞は骨髄腔（こつずいくう）といい、ここで血液の主要な成分である赤血球、白血球、血小板がつくられる。

　古い骨を溶かす（壊す）細胞を「破骨細胞」、破骨細胞によって溶かされた部分に新しい骨を作る細胞を「骨芽細胞」といい、骨は常に新陳代謝を繰り返している。これを「骨のリモデリング」といい、成長期が終わってもこの代謝は一生続き、1 年間に 20 ～ 30％の骨が新しい骨に入れ替わっている（図表 2 - 11）。

　この骨の新陳代謝のバランスが崩れ、骨吸収のスピードが骨形成を上回った場合、骨密度が低下し骨粗鬆症になる危険度が高まる。骨粗鬆症は約 1,300 万人（総人口の約 10％）、とくに女性に多く、65 歳以上の女性の約半数が骨粗鬆症であると言われている。骨粗鬆症は転倒による骨折の危険度を高め、寝たきりの原因にもなりかねない。女性に骨粗鬆症が多いのは、体格が小さく、骨への負荷が少ないので最大骨量が全体的に低くなること、また閉経期に骨形成に重要なエストロゲンという女性ホルモンの量が減り、骨量が急激に減ること、そして平均寿命が男性よりも長いことが主な原因である。

図表 2 - 11　骨のリモデリング

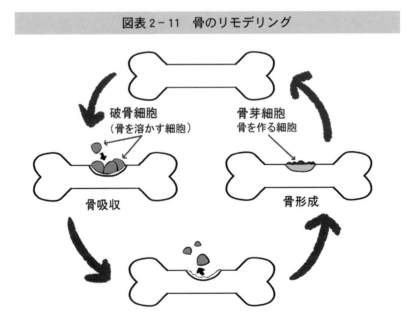

3. 身体発育の評価

3.1 乳幼児の体の発育と発達

　乳幼児身体発育調査は、厚生労働省（旧厚生省）の行政調査として、1960年（昭和35年）、1970年（昭和45年）、1980年（昭和55年）、1990年（平成2年）、2000年（平成12年）及び2010年（平成22年）と10年ごとに実施されている。2010年（平成22年）乳幼児身体発育調査の目的は「全国的に乳幼児の身体発育の状態を調査し、我が国の乳幼児の身体発育値及び発育曲線を明らかにして、乳幼児保健指導の改善に資することを目的とする」とされている。上記の理由により、現時点で公表されている一番新しい調査資料は2010年のものである（図表2-13～2-21、23）。この調査をもとに、従来から乳幼児の体格標準値（体重・身長・胸囲・頭囲）を定め、母子健康手帳に掲載される乳幼児身体発育曲線や乳幼児の身体発育や栄養状態の評価、医学的診断に活用されている。なお乳幼児に関しては、2000年調査値と2010年調査値では、ほとんど差がないという調査結果がでている。

3.2 体格の測定

　乳幼児の成長は著しく、個人差も大きく、また健康状態などの影響も強く受けるため、1回の身長や体重測定だけで成長状態を評価せず、定期的に測定をし、横断的に評価することが必要となる。評価の仕方は、乳幼児身体発育曲線のパーセンタイル値に沿って発育しているかを見ていく。パーセンタイル値とは、全体を100として小さい方から数えて何番目になるのかを示す数値で、50パーセンタイルが中央値である。例えば25パーセンタイル上に実測値があると「100人のうち小さいほうから数えて25番目」ということになる。10パーセント未満や90パーセントを超えている場合は、発育に偏りがあると評価され、経過観察が必要である。また、3パーセント未満や97パーセントを超えている場合は、病院での検査が必要になる可能性もある。しかし乳幼児の場合は、パーセンタイル値だけでは評価が不十分なため、身長と体重のバランスを考慮した指数を用いた下記の評価も行うことが大切である。

①カウプ指数（乳幼児期）
- カウプ指数＝体重$_{(g)}$÷身長^2$_{(cm)}$×10
- 評価例：生後7か月、身長66cm、体重9.2kgの場合
  式⇒ $9200_{(g)} \div 66^2_{(cm)} \times 10 = 21.1$
  ※この乳児のカウプ指数は21.1であり、評価基準「20以上：太りすぎ」（図表2-12参照）に属する。したがって、身体評価は「太りすぎ」となる。

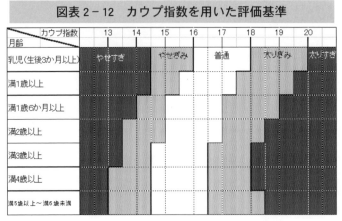

出典）今井七重編『演習 子どもの保健Ⅱ』第6版　みらい　2017年　42頁より筆者作成

②肥満度（幼児期・学童期）
- 肥満度（％）＝（実測体重 kg －標準体重 kg）／標準体重 kg ×100（％）
- 評価基準

〈幼児〉

　＋30％以上：太りすぎ　　　　　＋20％以上：やや太りすぎ

　＋15％以上：太りぎみ　　　　　＋－15％未満の範囲：標準体重

　－15％以下：やせ　　　　　　　－20％以下：やせすぎ

- 評価例：3歳2か月男児、身長95 cm、体重 11.8 kgの場合

　※標準体重は 14.0 kg（図表2–13 参照）となる。

　式⇒（11.8 (kg) － 14.0 (kg)）÷14.0 (kg)×100 (％)＝－15.7 (％)

　※この幼児の肥満度は－15.7％であり、評価基準「－15％以下：やせ」に属する。したがって、身体評価は「やせ」となる。

POINT

カウプ指数と肥満度

　カウプ指数は、生後3か月以降の乳幼児に用いられる体格指数ではあるが、身長または年齢の影響を受けやすいので、経過観察としては不適当という意見がある。そのため、厚生労働省は1998年から幼児の身体発育を評価するものとして、肥満度を用いている。肥満度とは、実測体重が標準体重に対して何％の増減に当たるかを示す指数である。しかし肥満度を算出するには身長に対する標準値（体重）を参照し（図表2–13）計算する必要があり、カウプ指数と比べて少し面倒な部分もある。肥満度は、幼児期は15％以上、学童期は20％以上が肥満と定義され、肥満度区分ごとに幼児期と学童期では呼称も変わる[注1]。乳児期は、身長と体重の関係も月齢により変わり、幼児期と同じような相関式を作成することができないため、肥満度は使わないことになっている。

注1　学童期では、±20％未満の範囲を「標準体重」とし、＋20％以上を「軽度肥満」、＋30％以上を「中等度肥満」、＋50％以上を「高度肥満」、－20％以下を「軽度やせ」、－30％以下を「高度やせ」という。

第2章　乳幼児の体と発育・発達

図表2-13　乳幼児の身長体重曲線　左：男子　右：女子

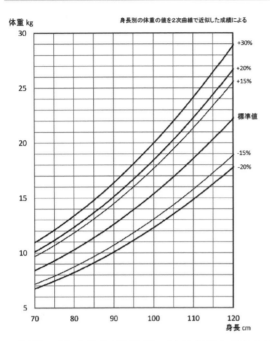
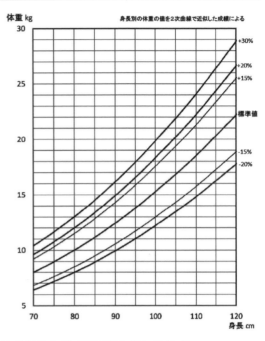

出典）厚生労働省雇用均等・児童家庭局「平成22年乳幼児身体発育調査報告書」2011年

図表2-14　乳幼児（男子）身体発育曲線：身長

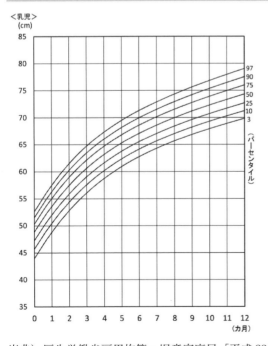
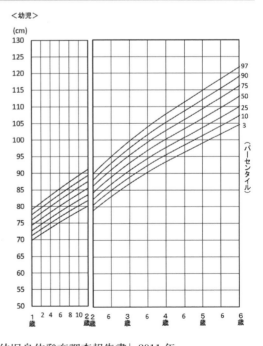

出典）厚生労働省雇用均等・児童家庭局「平成22年乳幼児身体発育調査報告書」2011年

図表 2-15 乳幼児（女子）身体発育曲線：身長

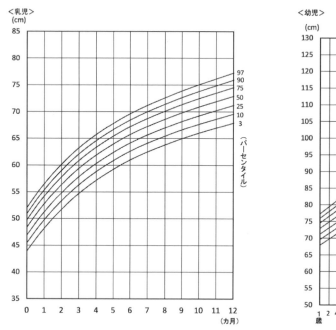
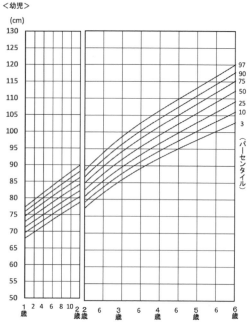

出典）厚生労働省雇用均等・児童家庭局「平成 22 年乳幼児身体発育調査報告書」2011 年

図表 2-16 乳幼児（男子）身体発育曲線：体重

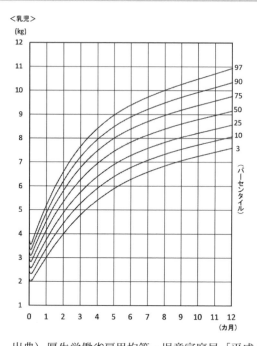
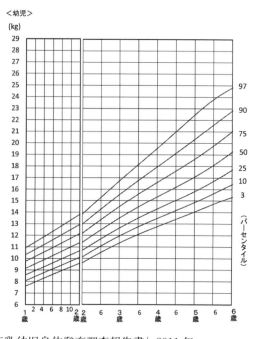

出典）厚生労働省雇用均等・児童家庭局「平成 22 年乳幼児身体発育調査報告書」2011 年

図表 2-17　乳幼児（女子）身体発育曲線：体重

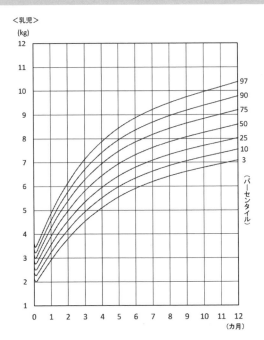
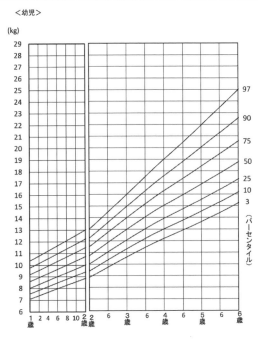

出典）厚生労働省雇用均等・児童家庭局「平成22年乳幼児身体発育調査報告書」2011年

図表 2-18　乳幼児（男子）身体発育曲線：胸囲

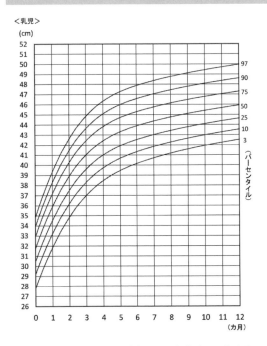
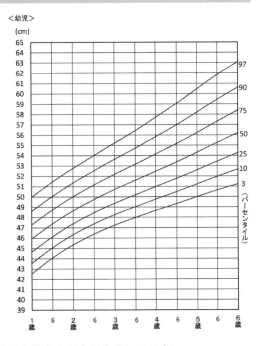

出典）厚生労働省雇用均等・児童家庭局「平成22年乳幼児身体発育調査報告書」2011年

図表2-19　乳幼児（女子）身体発育曲線：胸囲

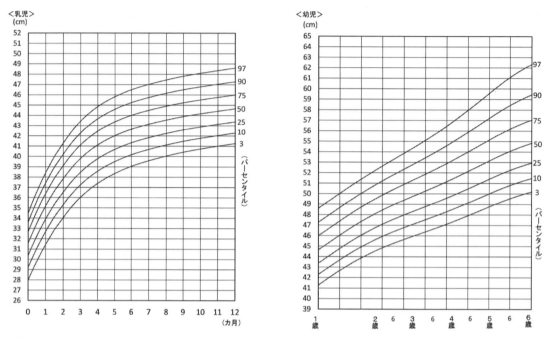

出典）厚生労働省雇用均等・児童家庭局「平成22年乳幼児身体発育調査報告書」2011年

図表2-20　乳幼児（男子）身体発育曲線：頭囲

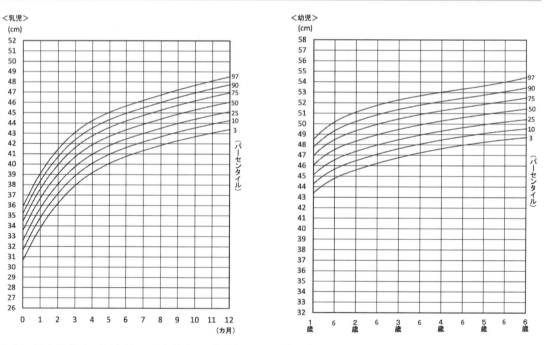

出典）厚生労働省雇用均等・児童家庭局「平成22年乳幼児身体発育調査報告書」2011年

第2章　乳幼児の体と発育・発達

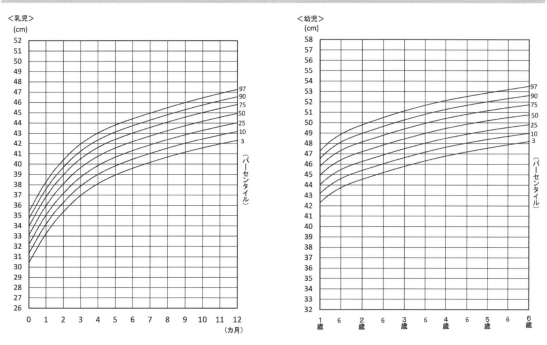

図表2-21　乳幼児（女子）身体発育曲線：頭囲

出典）厚生労働省雇用均等・児童家庭局「平成22年乳幼児身体発育調査報告書」2011年

4. 運動機能の発達　粗大運動・微細運動・発達の順序

4.1　粗大運動

　乳児は原始反射が消失していく中で、新たに色々な随意的な動きができるようになる。また、粗大運動や姿勢保持は、生後1年間で急速に発達する。一般的に使われている、「日本版デンバー式発達スクリーニング（DENVER Ⅱ）」[1]（図表2-22）による基準ならびに厚生労働省雇用均等・児童家庭局（2011）[2]の「一般調査による乳幼児の運動機能通過率」（図表2-23）なども参考に、粗大運動までの発達をみていくと、おおよそ以下の順序で発達する。

　首のすわり（3、4か月頃）⇒寝返り（5、6か月頃）⇒お座り（8か月頃）⇒はいはい（9か月頃）⇒つかまり立ち（10か月頃）⇒一人歩き（1歳3か月頃）である。

　また、これらの発達の方向には順序があり「頭部から身体の下（下肢）の方へ」、「身体の中心部分から末梢部分へ」、「粗大運動から微細運動へ」にそって進行する（図表2-24）。

　2歳頃には階段を登る、ボールを前へ蹴る、上手投げ、両足ジャンプなどができるようになる。

図表2-22 日本版デンバー式発達スクリーニング（DENVER II）

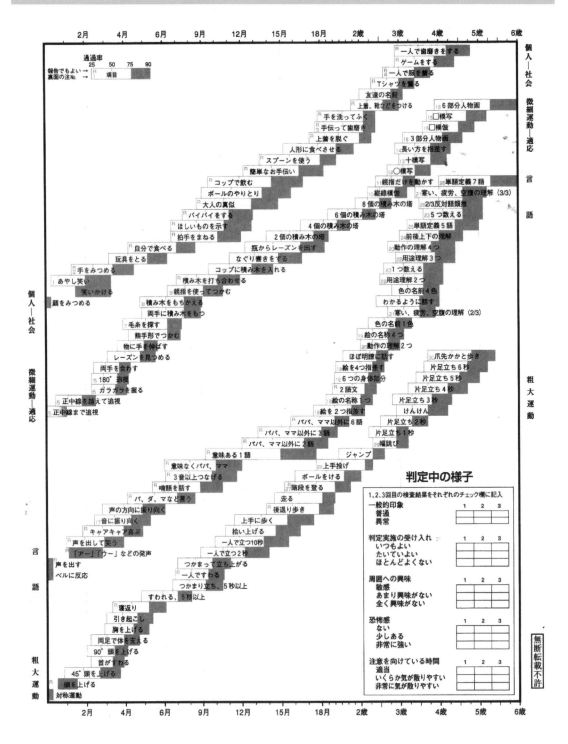

出典）日本小児保健協会編『DENVER II デンバー発達判定法』第2版2刷 日本小児医事出版社 2016年 28頁

3歳頃には、幅跳びや片足立ち(1秒程度)、また三輪車に乗れるようになる。

4歳頃には、けんけん(片足跳び)や片足立ち(3秒程度)などができるようになる。また次第に自分の体の動きをコントロールしながら上手に動くことができるようになる時期でもあり、身体感覚を高めながら、より巧みな動きができるようになっていく(図表2-25)。

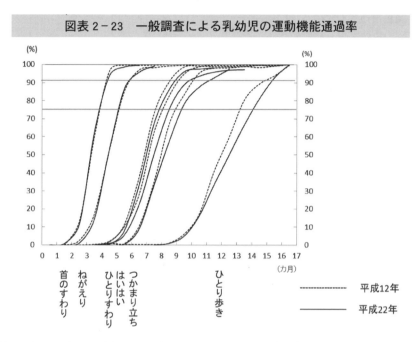

図表2-23　一般調査による乳幼児の運動機能通過率

出典）厚生労働省雇用均等・児童家庭局「平成22年乳幼児身体発育調査報告書」2011年

POINT

粗大運動のおおよその発達の目安を、語呂合わせで楽しく覚えよう！

3～4か月頃：首がすわる
「し(4)っかり首がすわる」
5～6か月頃：寝返り
「ゴロ(5,6)ゴロ寝返り」
8か月頃：手を付かずにおすわり
「やっ(8)とお座り」
9か月頃：はいはい
「急(9)にはいはい」
10か月頃：つかまり立ち
「戸(10)につかまり立ち」
1歳3か月頃：一人で歩く
「いざ(1歳3か月)一人で歩く」

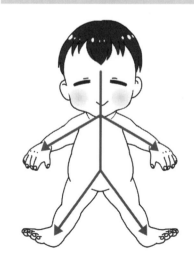

図表2-24　発達の方向

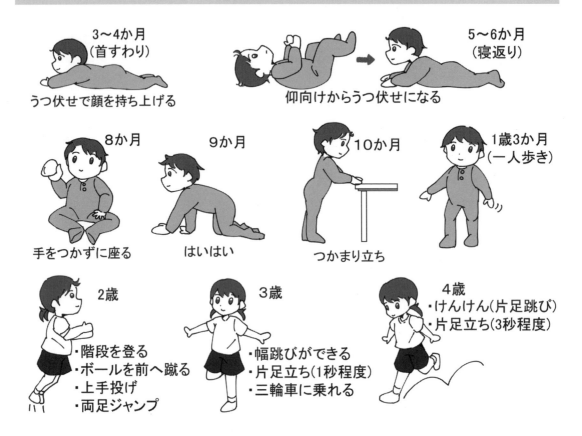

図表2-25 粗大運動

4.2 微細運動の発達

　手足の運動は、中心部分から末梢部分へ向かって、また粗大運動から微細運動へ進むため、例えば、上肢は「肩⇒腕⇒肘⇒手首⇒掌⇒指」と、肩や腕全体を動かす粗大運動から、物をつまんだりひっぱったりなど指先を使う微細運動へと進んでいく。また、生後すぐに原始反射(把握反射)により手に触れた物をつかむ動作を行うが、おおよその発達の目安として、生後5〜6か月頃になると随意運動として手のひら全体で物を覆うようにつかむことができるようになる。7〜8か月頃には熊手のように指先を使ってつかむことができるようになる。また積み木などを左右に持ちかえることもできるようになる。9〜10か月頃には小さな物を人差し指で触ることができるようになる。10か月頃には親指を使って物をつかむようになる。12か月頃には、親指と人差し指の指先を使ってつまむ動作ができるようになる。1歳半頃には、積み木を2つ積むことができ、2歳頃には積み木を4つ積むことができるようになる。3歳頃には8つの積み木を積めるようになったり、はさみや箸を使いはじめたりする。4歳頃では十字を模倣して描いたり、簡単な人の顔を描くことができる(図表2-26)。

図表 2-26　微細運動

5. 原始反射と姿勢反射

5.1　原始反射

　スイスの生物学者アドルフ・ポルトマン（Adolf Portmann）は「人間の赤ちゃんは生理的早産で生まれてくる」と提唱した。その理由として、人が、生まれたばかりの頃から自立した生活を送るには約21か月の胎内生活が必要であるが、実際は、胎内生活が長くなると産道が通れなくなるため、人間の赤ちゃんは約10か月という短い期間で生まれてくるということから「生理的早産」と表現した。

　チンパンジーやオランウータンなどは人と近い霊長類だが、人間の赤ちゃんと違い、生まれたばかりの頃から歩いたり母親に抱きついたりすることができる。しかし約10か月という短い期間で生まれた人間の赤ちゃんの大部分は、原始反射という反射運動が大部分を占めている。原始反射とは、中枢神経の脳幹や脊髄（図表2-27）に反射中枢を持つ、胎児期から乳児期にかけて見られる反射のことである。これらは、生き残るための手助けになる反射で、意識的に食物を摂ったり、環境からの刺激に対して身を守ったりする行動が

できないために、刺激に対して赤ちゃんの意志とは関係なく無意識に起こる。原始反射は、身体の動きを支配する中枢神経が未発達なために起こり、中枢神経の発達が進むにつれて原始反射は自然となくなり、随意運動へ移行していく。

あるべき反射が見られない、反射にあきらかな左右差が見られるなどの場合は、脳性麻痺など脳の障害がある恐れも考えられる。また、いつまでも原始反射が消失しないと、適切な脳の発達が行われず発達に影響がある可能性も考えられる。原始反射の主なものは、以下のようなものである（図表2-28）。

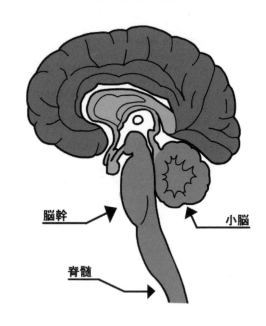

図表2-27　脳幹と脊髄

(1) モロー反射（moro reflex）　仰向けにした状態で頭部を持ち上げて、頭部を急に下ろす行為をすると、両手を広げて抱きつくような動きをする。また、大きな音を立てたときなども同じ動作をする。別名で「抱きつき反射」ともいい、母親から落下しそうな時に近くのものに抱きつくための反射ともいわれている。首の座る4か月頃に統合される。

(2) 哺乳反射　これは乳児が乳首を探し、見つけると口を開いて乳首をくわえ、吸い付いて母乳を飲むという一連の反応を起こす原始反射である。細かく分類すると哺乳反射は、「探索反射→捕捉反射→吸啜反射→嚥下反射」の順番で構成される。
① 探索反射：口唇探索反射またはルーティング反射（rooting reflex）ともいい、唇の周りに乳房や指などを触れると、反射的に顔を向けて口を開く動作のことをいう。
② 捕捉反射：探索反射によって探し当てた母親の乳首などをくわえる反射である。口唇反射ともいい、乳首ではなく指で触れても同じ動作をする。
③ 吸啜反射：捕捉反射によって、乳首などを口にすると、口に入ってきたもの（母親の乳首など）を強く吸う反射である。
④ 嚥下反射：吸啜反射によって吸う運動が起こると、嚥下反射によって母乳などを咽頭から食道へ運ぶ。

図表2-28 主な原始反射

(1) モロー反射

(2) 哺乳反射
①探索反射　②捕捉反射

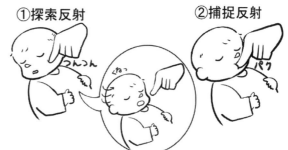

③吸啜反射(チュー)
④嚥下反射(ゴクン)

(3) 把握反射

(4) 足底把握反射

(5) 歩行反射

(6) バビンスキー反射

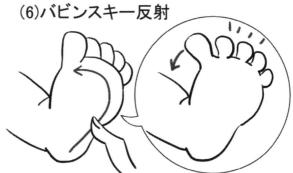

(7) (非対称性)緊張性頸反射

(8) ギャラン反射

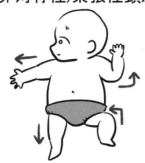

(3) 把握反射　パーマー反射（palmer grasp reflex）ともいい、乳児の手のひらにものがふれると、それを握る動作が見られる。把握反射が生後4〜5か月頃に統合されると、自分の意思で物を握りしめることができるようになる。

(4) 足底把握反射　プランター反射とも呼ばれている。足の裏の母趾球近くにものがふれると、足底側に屈曲する。足底把握反射は、つかまり立ちなどができる10か月頃に統合される[注2]。

(5) 歩行反射　赤ちゃんの両脇を抱え、親指で首を支えてあげながら身体を立たせ、足を床につけ前かがみの姿勢を取らせると、歩くように足を左右交互に足踏みする。

(6) バビンスキー反射（babinski reflex）　指先などで、赤ちゃんの足の裏の外側を踵からつま先に向かってこすると、足の第一趾（親指）が背屈したり、他の4本の指が扇状に開く反射。つかまり立ちから、一人で歩く頃には統合されるが、2歳以降もこの反射が残っていると病的反射として、中枢神経の錐体路[注3]障害が疑われる。

(7)（非対称性）緊張性頸反射（ATNR）　頭が横に向くと、それにつられて頭を向いた方の腕と脚が伸びて、反対の腕脚が曲がるという反射である。その状態からフィッシングポーズともいわれている。身体の中心を境に左右で異なる動きを見せることから、非対称性と名付けられている。出生時、この反射によって体の向きを変えて回りながら、産道を通り抜けやすくするとも考えられている。

(8) ギャラン反射（garant reflex）　ガラント反射、側彎反射、背反射とも呼ばれている。乳児の腰周辺の脊椎を撫でると、撫でた方のお尻が持ち上がり、脊柱が曲がる反射である。この反射が産道で起こることによってお尻が動くことで、産道を進みやすくすると考えられている。

注2　把握反射・足底把握反射は、人間が猿人だった頃の名残とされており、母親の体から落ちないためのものだと考えられている。
注3　錐体路とは、随意運動を支配する体性運動神経系の主要経路のことである。

5.2 姿勢反射とは

　姿勢反射は、身体の姿勢や運動中の平衡を調整したり維持したりするためのものである。大脳皮質や中脳が発達する時期から見られる。生後3か月頃から、原始反射は徐々に抑制され、その頃から姿勢反射が出現しはじめる（図表2−29）。原始反射と違い、姿勢反射は獲得したら消失することはない。姿勢反射の主なものは、以下のようなものである（図表2−30）。

（1）パラシュート反射　乳児の両脇を持った状態で体を水平に保ち、急に頭を下げると手を広げて体を支えようとする反射である。パラシュート反射は、転んだ時とっさに手が出せるようになるための基礎となる。生後8〜9か月頃から見られるため、10か月検診

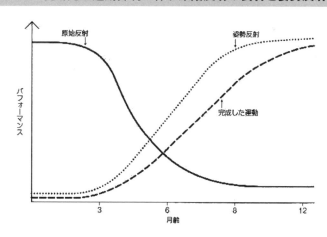

図表2−29　乳幼児の運動抑制に伴う原始反射の衰弱と姿勢反射の強化

出典）宮崎豊・田澤里喜編著『保育・幼児教育シリーズ健康の指導法』玉川大学出版部　2014年　26頁

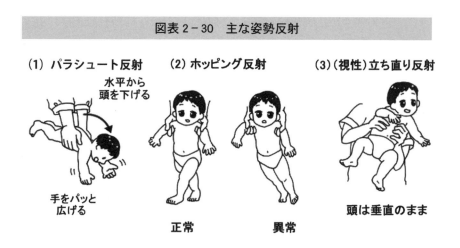

図表2−30　主な姿勢反射

で調べるところが多い。

(2) ホッピング反射　身体を前後左右に倒そうとすると倒れないように足を踏み出し平衡を保とうとする反射である。

(3) (視性)立ち直り反射　乳児の体を左右に傾けても、頭部は垂直にして、直立姿勢で保とうとする反射である。お座りができる頃から見られ、座らせて左右に傾けると頭を垂直にして立ち直ろうとする。

6. 幼児の土踏まずの形成と測定

6.1　足裏の3つのアーチ

　土踏まずは、人間だけにあり、樹上生活を送る類人猿のサルやチンパンジー、ゴリラなどにはない。そのため、バランスがとりづらく、腰を落としたり、膝を曲げて体のバランスをとり、人間のように真っすぐ立つことや歩くことはできない。

　人間は、土踏まずが形成されると、第1趾（親指）の付け根にある母趾球と第5趾（小指）の付け根にある小趾球、踵の3点で床を押して、バランスよく立てるようになる。土踏まずと呼ばれる母趾球から踵のラインを「内側縦アーチ」、外観上からは分かりにくいが小趾球から踵のラインを「外側縦アーチ」、母趾球から小趾球のラインが「横アーチ」であり、これらを「足裏の3つのアーチ」という（図表2-31）。

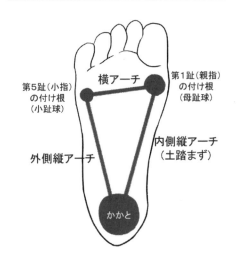

図表2-31　足裏の3つのアーチ

6.2　土踏まずの役割

　土踏まずは、歩いたり、走ったり、飛び降りたりするときに地面から受ける衝撃をやわらげ、クッションのような役目を果たす。土踏まずのない扁平足だと、地面からの衝撃の吸収が難しいため、長時間歩行すると脚が疲れやすい。

　また、土踏まずは体のバランスを取りやすくして、歩く際のあおり歩行を助ける。「あ

おり歩行[注4]」とは、「踵着地〜爪先歩行」のことである。図表2-32のように、①足の踵の外側が着地して ②第5趾（小指）の付け根にある小趾球、③第1趾（親指）の付け根にある母趾球の順序で着地し、④第1趾（親指）、第2趾（人差し指）、第3趾（中指）で、足指の付け根の関節を屈曲しながら蹴りだす歩行をいう。一人で上手に歩くことができるようになると、通常「あおり歩行」になってくる。このあおり歩行で、爪先から踵の移行がたくみになり、土踏まずが形成されていく。この歩行ができないと扁平足のままで成長する。

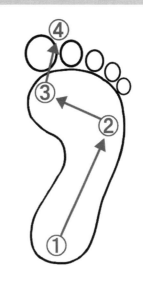

図表2-32　あおり歩行

子どもがあおり歩行ができているかの確認は、靴底を見ると分かりやすい。靴底の踵が、踵の中心に対して外側に約45度の角度で減っており、かつ、つま先部は靴底の内側の第1趾(親指)、第2趾(人差し指)、第3趾(中指)の3指付近が減っていればあおり歩行となっている可能性が高い。

6.3　足型測定の意義

土踏まずは乳児期にはなく、歩行を行うことで3歳頃から徐々に形成される。幼児期における運動不足は、土踏まずの形成だけでなく、「浮指」といった足指が浮いている状態になり、真っすぐに立っていられなかったり、体の発達の歪みを引き起こすようになったりもする。子どもは体を積極的に使って遊ぶことにより土踏まずも形成される。また、それに伴い健康な体や体力が身に付き、心も安定することから、子どもの健やかな成長を見ていく上で、土踏まずの形成や成長を測定することは大切である。

6.4　足型測定の仕方と評価

足型測定の仕方

土踏まずや浮指を調べる程度であれば、高価な足型測定器を購入しなくても、百均やホームセンターで揃えることができる。必要なものは、デコパネ[注5]と朱肉インク液（油

注4　あおり歩行のあおりとは、アオリイカが泳ぐさまに似ていることからつけられている。また、アオリイカという名のアオリとは馬具の馬の両腹に垂れ提げる泥除けのことである「障泥（あおり）」のことである。幅広いヒレの色や形がこの「障泥（あおり）」に似ていることから、アオリイカと呼ばれるようになったと言われている。
注5　デコパネは光洋産業株式会社の商標。発泡ポリスチレンパネル。

性）注6・ローラー・習字の半紙であり、足型測定器と同じように足を汚さず測定ができる。測定の仕方は、以下の通りである（図表2－33）。①新聞紙などの上にデコパネを置く、②ローラーでデコパネに朱肉のインク液を塗る、③デコパネの上に半紙を載せる（ツルツルした表面が下）、④子どもを椅子に座らせる、⑤子どもを半紙に立たせる、⑥子どもを椅子に座らせる、となる。

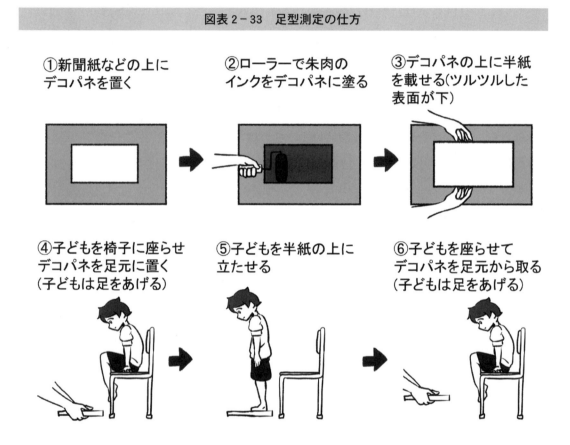

図表2－33　足型測定の仕方

足型測定の評価（図表2－34）
1. ①と②を線で結ぶ（A線）
2. ③と④を線で結ぶ（B線）
   〈A線とB線は交わるところまで線を引く（C点）〉
3. A線とB線の交点（C点）と第2趾（足の人差し指）の中心⑤を結ぶ（H線）

注6　水性インクは、足型がにじみ適さない。

第２章　乳幼児の体と発育・発達

図表2-34　足型測定の評価

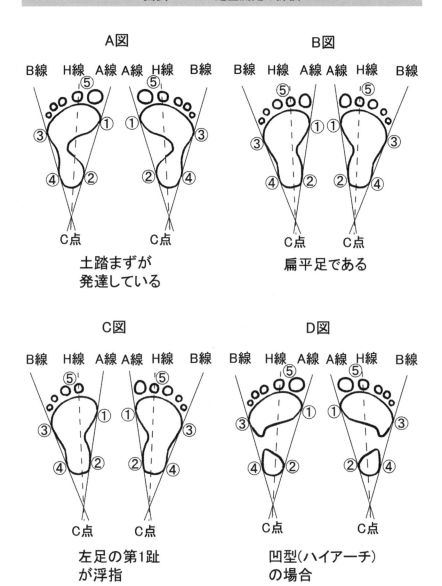

A図：土踏まずがH線より第5趾(小指)側にある場合は、よく発達している。
B図：土踏まずがH線より第1趾(親指)側にある場合は、扁平足であると判定する。
C図：また足の指が写っていない場合は、浮指があると判定する。
D図：足の中心部が映っていない場合は、土踏まずが極端に上がりすぎて甲高な状態の足となっているため凹型(ハイアーチ)[注7]と判定する。

注7　凹型（ハイアーチ）は、先天性といわれている。前足部と踵への負担が大きいのでふくらはぎや足の裏が疲れやすい。

6.5 土踏まずと体力・運動能力との関係

　土踏まずは歩行や運動神経に大きな影響を与えるため、子どものうちにしっかりとした土踏まずを作るという特別な取りくみとして、保育施設などで常に裸足で生活させる「はだし教育」というものが注目されている。また、草履や下駄など鼻緒付きの履物を普段から使用することで、足の筋肉の鍛錬になり、土踏まず形成に効果があるとしてそれらを導入している保育施設もある。土踏まずの有無は、体力・運動能力とも深く関係しており、敏捷性や平衡感覚などは、土踏まずの有無によって顕著な差が生じると考えられている。

　幼児の土踏まずの有無と体力・運動能力との関係の研究として、男女とも総合・25ｍ走・ボール投げ・立ち幅跳び・体支持持続時間全てにおいて、土踏まずが発達している幼児のほうが扁平足の幼児より高い値を示している（図表2-35）。このことから、幼児期の土踏まずの発達度合いと体力・運動能力との関係性が示唆される。

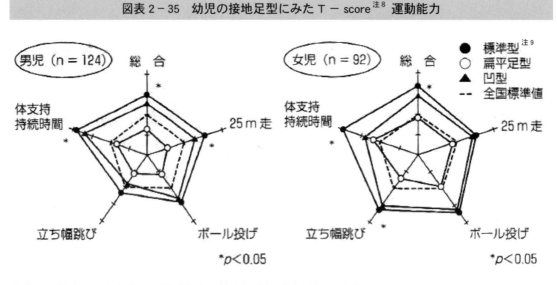

図表2-35　幼児の接地足型にみた T－score[注8] 運動能力

出典）三村寛一・安部惠子編著『保育と健康』〔改訂版〕嵯峨野出版　2013年　107頁

注8　Tスコアとは、単位が異なる測定項目を総合的に評価できる指標である。各項目の平均値を50とし、標準偏差(SD)が10の拡がりに換算したもので、項目間のバランスを容易に評価できる。
注9　標準型とは土踏まずの形成がみられる幼児のこと。

6.6 室内でできる土踏まず形成の遊び

土踏まずを作るポイントは、足の指の力をつけることである。土踏まずを作る筋肉は、足の指につながっている。足の指をよく使うことが、これらの筋肉を引き締め、土踏まずの形成を促す効果がある。

① 新聞たたみ（図表2-36）

足の指を使って、新聞をできるだけ小さくたたんでいく。誰が一番小さくたためるか競争させてもよい。

図表2-36　新聞たたみ

図表2-37　新聞破り

② 新聞破り（図表2-37）

新聞を足の指ではさんだり、床に押し付けたりしながら新聞を破いていく。誰がたくさん破れるか競争させてもよい。

図表2-38　タオル引き寄せ

③ タオル引き寄せ（図表2-38）

椅子に座り、タオルの上に足をのせる。踵は床に付けたまま、足の指を曲げ伸ばしてタオルを自分の方に引き寄せる。タオルの上に水を入れたペットボトルなどを置いて、倒さないように引き寄せていくと、さらに難しくなる。

④ 足指ジャンケン（図表2-39）

グー⇒足の指をすべて内側に折り込む。

チョキ1⇒親指を背屈（親指を足の甲側にそらす）、残りの4指を底屈させる（内側に折り込む）。

チョキ2⇒親指だけ底屈（内側に折り込む）、残りの4指を背屈させる（足の甲側にそらせる）。

パー⇒5本の指を扇状にすべて開く。

この動きを「グー・チョキ(1)・チョキ(2)・パー」と言いながら行う。

できるようになれば、足ジャンケンを友達同士で行わせてもよい。

図表2-39　足指ジャンケン

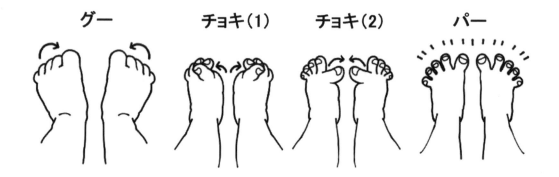

第3章
幼児の健康維持・増進のための身体活動

 1. 幼児の体力と運動遊び

1.1 幼児期に求められる体力とは

　体力を大きく分類すると、健康に生活するための「防衛体力」と、運動をするための「行動体力」に分けることができる（図表3-1）。健康に生活するための「防衛体力」とは、「1.物理化学的ストレスに対する抵抗力（寒冷、暑熱、低酸素、高酸素、低圧、高圧、振

図表3-1　体力の構造

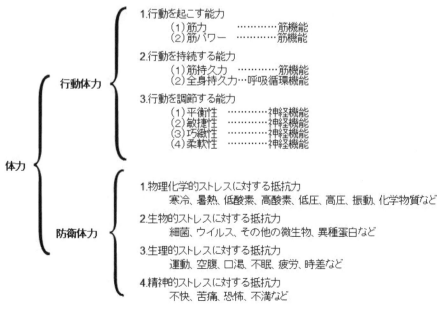

出典）池上晴夫『新運動処方』朝倉書店　1990年　99頁

動、化学物質など)」、「2．生物的ストレスに対する抵抗力（細菌、ウイルス、その他の微生物、異種蛋白など)」、「3．生理的ストレスに対する抵抗力（運動、空腹、口渇、不眠、疲労、時差など)」、「4．精神的ストレスに対する抵抗力（不快、苦痛、恐怖、不満など)」などであり、これらのストレスに対する抵抗力としての防衛体力によって心身を守り、健康を保っている。運動するための「行動体力」とは、「1.行動を起こす能力」（筋力・筋パワー）と「2.行動を持続する能力」（筋持久力・全身持久力）と「3.行動を調節する能力」（平衡性・敏捷性・巧緻性・柔軟性）である。

「行動体力」は、スキャモンの発育・発達曲線から運動発達の特性を考えると、神経系の発達が著しい乳幼児期は「3.行動を調節する能力」が顕著に発達する時期である。神経系は、「1.行動を起こす能力」や「2.行動を持続する能力」と異なり、動作の反復練習により、いったん神経経路が形成されると、その後ほとんど練習しなくても消失することなく残る。例えば、自転車や竹馬など一度覚えると、久しぶりに行ってもできるのは、神経経路ができあがっているからである。したがって、この乳幼児期には、まず自己の身体をコントロールする能力である「3.行動を調節する能力[注1]」を、運動遊びを通して高めることが重要である。

図表3-2は、5歳から19歳のどの年齢でどんな能力が伸びるかを表している。図表3-1の「3.行動を調節する能力」は、図表3-2では「動作の習得」として表記されている。この「動作の習得」は、神経機能の1つの反応時間（敏捷性）で調査している。先に示した図表

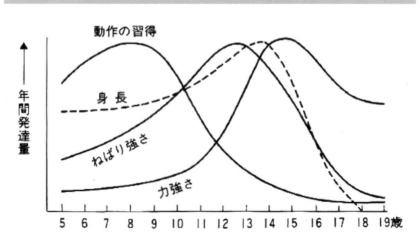

図表3-2　運動能力や体力はいつ発達するのか

出典）宮下光正他編『子どものスポーツ医学』南江堂　1987年　13頁

注1「3.行動を調節する能力」のことを、「調整力」または「コーディネーション能力」ともいわれている。

3-1の「2.行動を持続する能力」は、図表3-2では「ねばり強さ」と表記されている。この「ねばり強さ」は、1分間に体の中に酸素を取り込む能力、最大酸素摂取量で調査している。図表3-1の「1.行動を起こす能力」は、図表3-2では「力強さ」と表記されている。これは、筋肉の代表として握力で調査している。

この図表3-2を見ると、幼児期から小学校低学年までの時期に「動作の習得」（3.行動を調節する能力）が著しく伸び、その後小学校高学年から中学生の年齢の時期に「ねばり強さ」（2.行動を持続する能力）、最後に「力強さ」（1.行動を起こす能力）が15歳をピークとする発達を示している。

次に、運動習得をする上での大切な時期について考えていきたい。図表3-3は発育・発達から見たゴールデンエイジの概念図であり、9歳頃までの時期をプレゴールデンエイジとし、それ以降12歳頃までをゴールデンエイジとしている[1]。ゴールデンエイジの運動の重要性は以前から着目されている。それは、筋力や運動神経、脳などがある程度発達し、競技に必要な技術や戦術を身に付けるのに適した時期だからである。スキャモンの発育・発達曲線の神経型を参考にすると、ゴールデンエイジは運動習得のクライマックスの時期となるが、色々な物事を短時間に覚えられる「即座の習得」の時期ともいえる。しかし、ゴールデンエイジの「即座の習得」は、図表3-2で示した「動作の習得」（3.行動を調節する能力）が著しく伸びるプレゴールデンエイジで様々な運動・動作を経験し、多様で複雑な神経回路を作り上げた場合のみ現れることが明らかになっている。次頁の「1.3 幼児期の運動の在り方とは」でも述べている通り、幼児期には多様な遊びを通して神経系の発達を促す活動が必要である。

図表3-3　発育・発達から見たゴールデンエイジの概念

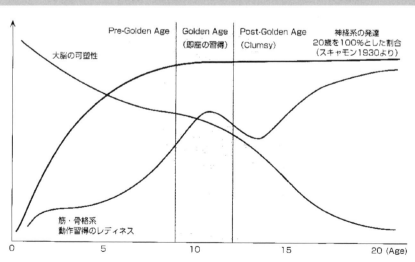

出典）小野剛『世界に通用するプレーヤー育成のためのクリエイティブサッカー・コーチング』
大修館書店　1998年　19頁

1.2 幼児期の運動の必要性

「防衛体力」は、「行動体力」のように自分の意思で能力を発揮し、それを測定できないため評価が難しいが、運動不足は「防衛体力」にも深刻な影響を与える。また、子どもの運動不足の問題は、生活習慣の乱れや意欲とも密接な関係がある。

文部科学省(2011)[2]は、3年間にわたり全国21市町村で、体力の向上への基礎づくりを行った実践園と、意図的に行わなかった協力園での、幼児の生活習慣・運動習慣の確立及び体力の向上などの調査を行った。その中で、幼児の身体的な体力と精神力及び社会性との深い関係性が報告されている。例を挙げると、生活習慣や意欲の面では、体力の向上への基礎づくりを行った実践園の子どものほうが、テレビを見る時間をきちんと守る率や、何事にも意欲的に取り組む率、1つのことにいつも集中できる率などがいずれも高い傾向にあった。

体力の面では、体力の向上への基礎づくりを行った実践園の子どもは、小学校入学後において行った新体力テスト結果でも、握力・上体起こし・長座体前屈・反復横跳び・20mシャトルラン・50m走・立ち幅跳び・ソフトボール投げの全ての項目において、実践園以外の児童より高い傾向が見られた。また、就学後も実践園卒の児童はわずかではあるが運動部・スポーツクラブに所属する比率が高く、運動やスポーツをする回数も多かった。さらに、文部科学省(2014)[3]によると、男女ともに、幼少期の運動経験の好き・嫌いが、その後の運動習慣や体力・運動能力に大きな影響を与えていることが報告されており、幼児期の運動遊びに対する人的・物的な環境構成の大切さが窺える。

1.3 幼児期の運動の在り方とは

幼児においても、運動能力の二極化は児童同様問題となっており、1985年から2008年まで体力低下が続いている[4]。文部科学省(2011)では、2009年から2011年の3年間にわたり運動発達の重要性に着目し、「体力向上の基礎を培うための幼児期における実践活動の在り方に関する調査研究」を実施し、幼児期に習得しておくことが望ましい基本的な動作(走る、跳ぶ、投げる等)、生活習慣及び運動習慣を身に付けるための効果的な取り組みなどについて実践的な研究報告がなされた。この調査研究を背景に、「幼児期運動指針」が文部科学省から2012年3月に、幼児期の運動はどうあるべきかを示したガイドラインとして発表された[5]。幼稚園は文部科学省管轄、保育所は厚生労働省管轄、認定こども園は内閣府管轄などと行政管轄が分かれているが、「幼児期運動指針」は3歳から6歳までの小学校就学前の全ての幼児を対象として作成されており、全国の幼稚園、保育所、認定こども園に約22万部配布されている[注2]。

注2 この指針とともに「幼児期運動指針ガイドブック」と「幼児期運動指針普及用パンフレット」も作成され、同時に配布されている。

第3章　幼児の健康維持・増進のための身体活動

「幼児期運動指針」では「幼稚園、保育所などに限らず、家庭や地域での活動も含めた一日の生活全体の身体活動を合わせて、幼児が様々な遊びを中心に、毎日、合計60分以上、楽しく体を動かすことが望ましい」[注3]とし、次の3点をポイントに挙げている。1点目は、「多様な動きが経験できるように様々な遊びを取り入れること」、2点目は「楽しく体を動かす時間を確保すること」、3点目は「発達の特性に応じた遊びを提供すること」である。以下にこの3点について概説する。

1) 多様な動きが経験できるように様々な遊びを取り入れること

幼児期からサッカーや野球などの運動だけを行うことは、特定の部位にだけ負担が掛かりやすく、体格ができあがっていない幼児期には、けがを負わせる原因になりやすい。幼児期には発育・発達の観点からも多様な動きを経験させることが必要である。

多様な動きには、「動きの多様化」と「動きの洗練化」の2つの方向性がある。「動きの多様化」では、立つ、座る、寝ころぶ、起きる、回る、転がる、渡る、ぶら下がるなど「体のバランスをとる動き」や、歩く、走る、はねる、跳ぶ、登る、下りる、這う、よける、すべるなど「体を移動する動き」、持つ、運ぶ、投げる、捕る、転がす、蹴る、積む、こぐ、掘る、押す、引くなどの「用具などを操作する動き」がある。「幼児期運動指針」では、多様な動きが経験できるようにするためには、様々な遊びを取り入れることと同様に散歩やお手伝いなども含めてとらえることも大切だと述べられている。例えば、散歩コースを工夫したり、お手伝いなどから多様な動きが経験できるようにすることも行いたい。「動きの洗練化」とは、年齢とともに無駄な動きが無くなり、滑らかな動きになっていくことである。幼児の場合は、自発的に繰り返し様々な遊びを体験し、「動きの洗練化」が獲得できるような場作りが必要である。

2) 楽しく体を動かす時間を確保すること

文部科学省（2011）の調査では、外遊びの時間が多い幼児ほど体力が高い傾向にあったが、4割を超える幼児の外遊びをする時間が1日1時間（60分）未満であることから、「幼児期運動指針ガイドブック」では「幼児は様々な遊びを中心に、毎日、合計60分以上、楽しく体を動かすことが大切です！」とうたっている。しかし、単に運動の時間だけを確保すればよいものではなく、前述した通り発育・発達の観点からも多様な動きを経験できる場作りが必要である。また、幼稚園児においての「家庭および園での主な遊び場」は、園での戸外での遊び場の割合が約6割であるのに対し、降園後の戸外での遊び場の割合は約2割で

注3　世界保健機構（WHO2010）やアメリカ（全米スポーツ・体育協会2009）・カナダ（カナダ運動生理学会2011）・イギリス（イギリス保健省2011）・オーストラリア（オーストラリア保健・エイジング省2004）など多くの国々でも幼児を含む子どもの心身の健康的な発達のために、毎日合計60分以上の身体活動が推奨されている。

あった。このことからも、園での戸外遊びが重要な場であると考えられる。かつ、降園後の遊び相手を見てみると、兄弟のいない幼児は親や祖父母と遊ぶ割合が最も高く（45.4％）、1人で遊ぶ割合も兄弟がいる幼児に比べて高くなっている（13.7％）。兄弟がいる幼児は、兄弟と遊ぶ割合が最も高く(58％)、園での活動が友達と遊べる唯一の場所となっている幼児も多いのが実状である[6]。また、近所に安心して遊べる場所がある幼児は64％で、約4割弱の幼児は安心して外遊びができないという調査結果もあり[7]、戸外遊びのできる場づくりに自治体や地域住民が一体となって取り組むことも必要になってきている。加えて、幼児は防犯上1人で外へ遊びにいくことは好ましくないので、保護者と一緒に戸外に出る以外は外で遊びにくい環境となっている。家族に運動習慣がある幼児は、家族に運動習慣がない幼児よりも戸外での遊びが多くなっているという報告もあり[8]、運動を通した家族との触れ合いも、幼児が楽しく体を動かす大切な要素となってきている。また、保護者と幼児が一緒に遊ぶ時は、保護者が意図的にいろいろな動きを見せることで、幼児の多様な動きの体験を促すことに繋がることになる。

3）発達の特性に応じた遊びを提供すること

　小川（1990）[9]によれば、遊びとは「自発性、自己報酬性、自己完結性」であると述べられている。また遊びの質を高める援助として、幼児の先に立ち、保育者がモデルになることにより、幼児が憧れたり、安心できるようにしたりすることが大切であることが示されている[10]。また、戸外遊びをした場合、保育者が一緒に遊んだ場合の方が、運動量が多くなるという研究もある[11]。

　柳田（2008）[12]の調査により、「保育者が運動遊びの指導に際して重視していることは、幼児と一緒に遊ぶことや外で自由に遊ばせることであり、運動技能やルールなど運動遊びを体系化した運動指導の必要はない」という考えが幼稚園教員には強いことが示された。しかし、幼児の自発的欲求に任せたままの「運動遊び」では、運動能力の二極化の問題がある。例えば、ブロックや砂場で遊ぶことが好きな幼児と、サッカーや鬼ごっこが好きな幼児では運動能力や体力も大きく変わってくる。

　「幼児期運動指針ガイドブック」では①3歳から4歳頃、②4歳から5歳頃、③5歳から6歳頃に分けて、その時期に経験しておきたい発達の特性や遊びを例示している。下記にその内容を抜粋する。

---

①3歳から4歳頃
　基本的な動きが未熟な初期の段階から、日常生活や体を使った遊びの経験をもと

に、次第に上手にできるようになっていきます。特に幼稚園・保育所等の生活や家庭での環境に適応しながら、「体のバランスをとる動き」「体を移動させる動き」「用具などを操作する動き」といった多様な動きが一通りできるようになります。そして心身の発達とともに、自分の体の動きをコントロールするようになります。基本的な動きを何度も繰り返すうちに、次第に身体感覚を高め、より巧みな動きを獲得するようになっていきます。したがって、この時期の幼児には、体を使った遊びの中で多様な動きが経験でき、自分から進んで何度も繰り返すことにおもしろさを感じることができるような環境を構成することが必要になります。例えば、屋外での滑り台、ブランコ、鉄棒などの固定遊具や、室内での巧技台やマットなどの遊具の活用を通して、全身を使って遊ぶことなどにより、立つ、起きる、回る、渡る、ぶら下がるなどの「体のバランスをとる動き」や、歩く、走る、跳ぶ、登る、這うなどの「体を移動する動き」を経験しておくことが望まれます。

② 4歳から5歳頃

　3歳から4歳頃に経験し獲得した基本的な動きが定着し、さらに上手になっていきます。友達と一緒に運動することに楽しさを見い出し、また環境との関わり方や遊び方を工夫しながら、多くの基本的な動きを経験するようになります。特に全身のバランスをとる能力が発達し、身近にある用具を使って操作するような動きも上手になっていきます。体を使った遊びを発展させ、自分たちでルールや決まりを作ることにおもしろさを見い出します。さらに自分の近くにいる友達や大人が行う魅力ある動き（遊び）や気に入った動きのまね（模倣）をすることに興味を示し、それらを楽しみながら繰り返すことによって自然に動きを獲得するようになります。「かっこいい」「自分もできるようになりたい」といったまねをしたい動きを見せてくれる友達、保育者、保護者の存在が、基本的な動きの獲得に大きく影響します。この時期には、例えば、なわ跳びやボール遊びなど、体全体でリズムをとったり、用具を巧みに操作したりコントロールさせたりする遊びの中で、持つ、運ぶ、投げる、捕る、蹴る、押す、引くなどの「用具などを操作する動き」を経験しておくことが望まれます。

③ 5歳から6歳頃

　それまでの経験をもとに、無駄な動きや過剰な動きが少なくなり、より基本的な動きが上手になっていきます。さらに走ってきて跳ぶといったように複数の動きを中断することなく連続的に行ったり、ボールをつきながら走るといったように易しい複数の動きを同時に行ったりするような、「基本的な動きの組み合わせ」ができ

> るようになってきます。それまでの経験の中で印象に残っているイメージや、友達と共通のイメージをもって遊ぶ中で、基本的な動きの再現性が高まり、さまざまな動きを上手に行うことが定着していきます。また目的に向かって集団で行動したり、友達と力を合わせたり、役割を分担したりして遊ぶようになり、満足するまで繰り返して取り組むようになります。さらにそれまでの知識や経験を生かし、工夫をして、遊びを発展させていく姿も見られるようになります。この時期は、全身を使った運動がそれまでより滑らかで巧みに行えるようになり、全力で走ったり、跳んだりすることに心地よさを感じるようになります。幼児にとって、挑戦してみたいと思えるように組み合わせた動きが含まれる遊びに取り組んでいくことで、結果として「体のバランスをとる動き」「体を移動する動き」「用具などを操作する動き」がより滑らかに遂行できるようになることが期待されます。そのため、遊具を用いた複雑な動きが含まれる遊びや、様々なルールでの鬼遊びなどを経験しておくことが望まれます。

　しかし、留意しなければならない点として、上記の年齢になったら例示されている内容の遊びを必ず提供しなければならない、ということではない。「体のバランスをとる動き」「体を移動する動き」「用具などを操作する動き」はその年齢になったら自然と身につくものではなく、それら動きの経験が必要なのである。

　以上のことから、発達の特性に応じた遊びを提供することにおいては、園全体で連携し、各年齢で今どのような取り組みをしているのか情報を共有し、様々な運動遊びを系統的に展開していくためのプログラム作りを行う必要がある。そうすることで、子どもの多様な動きの獲得を促し、基礎的な運動技能を身に付けていくことに繋がる。

　また、生まれてからの生活環境などによって同じ年齢でも運動経験は異なるので、年齢別の特性を理解しながらも、その子どもの能力にあった運動遊びを提供する保育者の保育実践力も必要になってくる。ならびに、多様な動きの遊びを保育者がモデルになり一緒に遊ぶことで、運動に興味を持ってもらったり、保育者に憧れたりするように促すことも大切である。

1.4　多様な動きを引き出す運動遊びのポイント

　2018年（平成30年）4月1日より施行された幼稚園教育要領・保育所保育指針・幼保連携型認定こども園教育・保育要領では、幼児期運動指針を踏まえ、「多様な動きを経験す

る中で、体の動きを調整するようにすること」を「内容の取扱い」に新たに示している。

「幼児期運動指針ガイドブック」には、幼児期は多様な動きが身に付きやすい時期で、多様な運動刺激を与え神経回路を構築していくことが大切な時期であると述べ、「体のバランスをとる動き」「体を移動する動き」「用具などを操作する動き」の3点の動きを例示している（図表3-4）。

例えば「体を移動する動き」の「走る」という動作を例に挙げると、まっすぐに単調に走るという動作が習得されると、「平衡感覚」を刺激するジグザグ走りや横向き・後ろ向きで走るなどのバリエーションが加わってくる。またそれらの動きが洗練化され、「巧緻性」「敏捷性」「平衡性」などを刺激する鬼ごっこなどの変化に富んだ走る動作が習得されていく。

この多様な動きを引き出すには子どもへの言葉かけも必要である。保育者の言葉かけ一つで、活動がより活発になり、動きの洗練化されたものともなる。例えば、幼児期に求められる行動体力の「3.行動を調節する能力」（図表3-1）の観点から言えば、「～にさわらないでやってごらん」「～にぶつからないで」などの言葉かけをすると巧緻性、「忍者のようにすばやく」などの言葉かけをすると敏捷性を意識した動きが生まれやすい。また、やったことのある動きに「後ろに～してごらん」「横に～ごらん」などの言葉かけをすると、さらに動きにバリエーションが加わり、様々な「行動を調節する能力」が身に付く。

かつ次の3点に留意すると、新しい遊びのレパートリーが少なくても遊びが展開されやすい。

1点目は、人的環境（人数など）を変えることである。例えば後出図表3-10の、1人での「鉛筆転がり」を2人で行うことで、相手のタイミングに合わせて回ったり動きの変化が出てくる。

2点目は、物的環境（運動器具）を変えることである。例えば「鉛筆転がり」では、マットの下に踏切板を敷き坂道を作ってあげたり、空気を少し抜いたボールを入れ、でこぼこ道を作ってあげたりすることで転がり方にスピードがでたり、マットから落ちないように転がったりとすることで動きの変化ができる。

3点目は、ルールを変えることである。例えば「鉛筆転がり」で、マットの端まで落ちないように転がる⇒「鉛筆転がり」で何秒で転がれるか⇒体勢を変え団子（体を丸くする）になって転がる。また、ゲーム性を取り入れ、鉛筆転がりのリレーなどをすることでも動きの変化が出てくる。

また、幼児にとって生活は全て遊びでもあるので、次項「1.5 多様な動きを引き出す様々な運動遊び」では色々な座り方や並び方など遊びを取り入れた展開例も示す。

図表 3-4　幼児期に経験する基本的な動きの例[注4]

出典）幼児期運動指針策定委員会「幼児期運動指針ガイドブック」文部科学省 2012 年　9 頁

注4 これらの動きは、次頁からの「1.5 多様な動きを引き出す様々な運動遊び」に「動きの要素」として示している。

1.5 多様な動きを引き出す様々な運動遊び

ゲーム名：色々な座り方

- 対象：年少〜年長
- 動きの要素：座る
- 準備物：なし
- ゲームの内容：

保育者の言う座り方を急いで行う。

保育者：赤ちゃん座り（長座）	子ども：「ばぶー！」
保育者：お父さん座り（胡坐）	子ども：「えへん」
保育者：お母さん座り（正座）	子ども：「おほほ」
保育者：体育座り（お山座り、三角座り）	子ども：口は閉じる

※慣れてきたら段々とスピードを上げて行いましょう。

4月の新年度に座り方の確認を含めて行うとよい。

POINT

体育座りの時は、お話を聞く姿勢なので、しゃべらないで口は閉じることをゲームを通して子どもたちに理解させましょう。

図表3-5　色々な座り方

● **ゲームの展開例**

保育者：今から色々な座り方ゲームをします。
保育者：赤ちゃんはしゃべれるかな？
子ども：しゃべれない。
保育者：そうだよね。しゃべれないので先生が「赤ちゃん座り！」と言ったら赤ちゃん座りを急いでして「バブー」と言います。
　※子どもと一緒に赤ちゃん座りをして「バブー」と言う。
保育者：先生が、「お父さん座り！」と言ったら、お父さんはいつもどっしりしてるので「えへん」と言いましょう。
　※子どもと一緒にお父さん座りをして「えへん」と言う。
保育者：お母さんは優しいよね。だから先生が「お母さん座り！」と言ったら、お母さん座りをして、「おほほほほ」と言いましょう。
　※子どもと一緒にお母さん座りをして「おほほほほ」と言う。
保育者：先生が「体育座り！」と言ったときは、体育の時は勝手にしゃべってよかったかな？
子ども：だめ～
保育者：そうだよね、勝手にしゃべってたら違うことをしてしまってけがをしてしまいます。なので「体育座り！」と先生が言ったときは、お口はチャックにしてください。
保育者：それでは始めます。「赤ちゃん座り！」～
　※子どもと一緒に、赤ちゃん座りやお父さん座りをしながらゲームを展開する。

🎵 **盛り上げよう！**

○ 赤ちゃん座り、お母さん座り、お父さん座り、体育座りの言うスピードを上げていきましょう。
○「〇〇さん、赤ちゃん座りが一番早かったね。次は、誰が早いかな」などと、早くできた子どもを褒めると皆、集中します。
○ お母さん座りの後などに「次は誰が早いかな」「お母さん座り！」と、また同じ座り方を言うと盛り上がります。

第3章　幼児の健康維持・増進のための身体活動

ゲーム名：並びっこ競争

- 対象：年少～年長
- 動きの要素：走る、よける
- 準備物：なし
- ゲームの内容：

色や遊具などを触って、保育者の前へ並ぶ。

※4月(新年度)の、子どもたちの並ぶ順番を覚える練習時に行うとよい。

> **POINT**
> 並ぶ順番は常に、欠席している子どもの場所はうめずに空けるようにしておくと、保育者は誰が欠席か分かる。また、子どもたちもだれがいないか理解できる。
> ※園内はもちろん、課外活動などで人数確認などが必要な時も便利です。

図表3-6　並びっこ競争

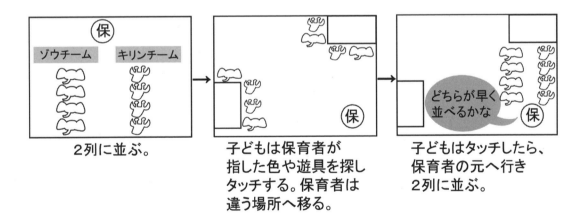

2列に並ぶ。　　子どもは保育者が指した色や遊具を探しタッチする。保育者は違う場所へ移る。　　子どもはタッチしたら、保育者の元へ行き2列に並ぶ。

● ゲームの展開例　（2列並びでの例）

保育者：今から並びっこ競争をします。

※列ごとにチーム名を子どもたちに決めさせるのもよいでしょう。

保育者：赤色はどこにありますか？

> ※遊具などにある赤の色を子どもたちは指す。
> 保育者：そう、色々な場所にあるよね。
> 保育者：先生が「赤色！」と言ったらどこでもいいので、赤色をタッチして今と同じように並んでみましょう。
> 保育者：ゾウチームとキリンチームでどっちが早く並べるか競争です。それでは、始めます。「赤色！」

♪ **盛り上げよう！**
- 保育者は色を変えたり，タッチする色を2色に増やしたりしてやってみましょう（保育者は色の代わりに遊具をタッチさせても可。例：鉄棒をタッチして保育者の前に並ぶ）。
- 上手に並べるようになったら、保育者の立つ位置を変えてやってみましょう。

ゲーム名：朝、昼、夜

- 対象：年少～年長
- 動きの要素：立つ、座る、寝ころぶ、起きる
- 準備物：なし
- ゲームの内容：

保育者が「朝」と言った時は、胡坐（お父さん座り）で朝ごはんを食べる真似。

保育者が「昼」と言った時は、立ってその場で走る真似。

保育者が「夜」と言ったら、仰向けで寝る真似。

図表3-7　朝、昼、夜

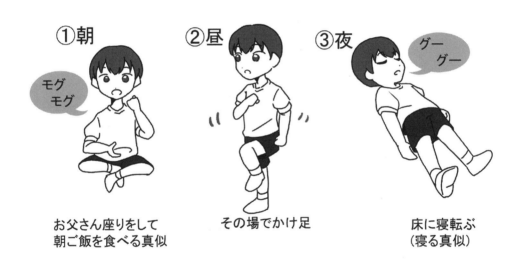

① 朝　お父さん座りをして朝ご飯を食べる真似
② 昼　その場でかけ足
③ 夜　床に寝転ぶ（寝る真似）

● ゲームの展開例

保育者：今から朝、昼、夜ゲームをします。

保育者：みんなは朝になったら朝ごはんを食べるよね。

保育者：先生が「朝！」って言ったらお父さん座りをして（胡坐）ごはんを食べる真似をします。

　※保育者はお父さん座りをして、朝ごはんを食べる真似をしてみせる。

保育者：お昼は、みんなはお外で遊ぶよね。

保育者：だから先生が「昼！」と言ったらその場で走る真似をします。

※その場で走る真似をしてみせる。(その場でと言わないと、必ず走り回る子どもが出てきます)

保育者：みんなは、夜はお布団で寝るよね。

保育者：だから先生が「夜！」と言ったらその場でおやすみなさいをします。

　　　※仰向けになって寝る真似をしてみせる。

保育者：それでは朝昼夜ゲームを始めます。「朝！」〜

🎵 **盛り上げよう！**

○「朝！」「昼！」「夜！」の言うスピードを上げていきましょう。

○ 子どもが仰向けで寝ている「夜」の状態で「誰が早く起きるかな」と言いながら、また「夜！」と言うと、盛り上がります。

第3章　幼児の健康維持・増進のための身体活動

:::::::::::::::::::::::
ゲーム名：手裏剣忍者
:::::::::::::::::::::::

- 対象：年中～年長
- 動きの要素：跳ぶ、座る、立つ、よける、走る、回る
- 準備物：なし
- ゲームの内容：

子どもはその場で忍者走りをする。保育者が「上！」と言って上に手裏剣を投げる真似をしたら、子どもはしゃがむ。保育者が「下！」と言って下に手裏剣を投げる真似をしたら、子どもはジャンプする。

図表3-8　手裏剣忍者

● ゲームの展開例

保育者：今から手裏剣忍者のゲームをします。
保育者：忍者はどうやって走るか知ってるかな？
子ども：「素早く」、「速く」、などの声があがる。
保育者：そう、忍者は音を立てないようにつま先で、素早く走ります。
　※保育者はその場で、見本を見せる。
保育者：みんなもその場で忍者走りをしてみましょう。

※その場でと言わないと、必ず走り回る子どもが出てきます。

保育者：上手に忍者走りができますね。

保育者：それでは、先生はみんながその場で忍者走りをしている時に、手裏剣をみんなに投げる真似をします。

保育者：先生が「上！」と言って上に手裏剣を投げる真似をしたら、みんなはどうしたら当たらない？

※子どもたちの頭上に手裏剣を投げる真似をする。

子ども：しゃがむ！

保育者：そうだね。先生が「上！」と言って上に手裏剣を投げる真似をしたらしゃがみます。

保育者：先生が「下！」と言って下に手裏剣を投げる真似をしたら、みんなはどうしたら当たらない？

※子どもたちの足元に手裏剣を投げる真似をする。

子ども：ジャンプする！

保育者：そうだよね。先生が「下！」と言って下に手裏剣を投げる真似をしたら、ジャンプします。

保育者：それでは始めます。忍者走りスタート！

※子どもたちが忍者走りを始めたら、「上！」「下！」などと言いながら手裏剣を投げる真似をする。

🎵 盛り上げよう！

○「上！」「下！」の言う間隔を早めていきましょう。

○ 慣れてきたら、保育者が「真ん中！」と言ったら、子どもはその場で一周回る動作も加える。

○ ジャンプするのが遅い子どもには「〇〇さん、ジャンプがちょっと遅かったでござる。足に手裏剣が刺さっているでござる」と言いながら手裏剣を足から抜いてあげる真似をすると、子どもたちがより集中して盛り上がります。

第3章　幼児の健康維持・増進のための身体活動

ゲーム名：雷ゴロゴロ

- 対象：年少～年長
- 動きの要素：寝ころぶ、転がる、よける
- 準備物：なし
- ゲームの内容：

子どもたちは仰向けで寝る。

保育者は「ゴロゴロゴロ・・・・」と言いながら子どもたちの周りを歩く。

保育者が「ドッスン！」と言ったら、子どもたちはおへそを取られないように急いでうつ伏せの姿勢になる。保育者におへそを取られた子どもは、保育者と一緒に雷さんになり、友達のおへそを取りに行く。

図表3-9　雷ゴロゴロ

①仰向けに寝る
♪ゴロゴロ～

②おへそを取られないよううつ伏せになる
♪ドッスン!!

● **ゲームの展開例**

保育者：今から雷ゴロゴロゲームをします。
保育者：みんなは、おへそをお空の方へ向けおやすみなさいをします。（仰向け姿勢）
　　　※誰か一人お手本になって寝てもらうと、子どもたちは分かりやすい。
保育者：「先生がゴロゴロゴロと言っている時は、おへそをお空の方に向けます。先生が「ドッスン！」と言ったら、急いでおへそを下にして隠しましょう。（うつ伏せ姿勢）
保育者：先生におへそを取られたお友達は、先生と一緒に雷さんになって、お友達のおへそを取りに行きましょう。
保育者：それでは始めます。みんなはおへそをお空の方に向けおやすみなさいをしましょう。（仰向け姿勢になる）
保育者：「ゴロゴロゴロ・・・・ドッスン！」
　　　※「ドッスン！」で子どものおへそを取りに行く。

🎵 **盛り上げよう！**

「ゴロゴロゴロ」のあと「ドスコイ！」などを言って引っかけると、子どもたちは盛り上がります（「ドッスン！」以外の時は、うつ伏せにならない）。

:::: ゲーム名：鉛筆転がり ::::

- 対象：年少～年長
- 動きの要素：1人：寝ころぶ、転がる
  　　　　　　2人：寝ころぶ、転がる、持つ（友達を）
- 準備物：マット
- 運動の内容：

体を真っ直ぐに伸ばして、マットから落ちないように横に転がる。
　※頭と足の向きを逆にして右回転、左回転両方行いましょう。

図表3-10　鉛筆転がり

● ゲームの展開例

〈声掛け1（右回転）〉

保育者：今から鉛筆転がりをします。

保育者：両手をピンと伸ばして鉛筆を作ってマットの端まで落ちないように、上手に回っていきましょう。（保育者がお手本を見せてあげるとより分かりやすい）

〈声掛け2（左回転）〉

保育者：寝る方向を逆にして、またマットから落ちないように回っていきましょう。

〈声掛け3〉

保育者：お友達同士だっこして、落ちないように回っていきましょう。

〈声掛け4〉

保育者：お友達同士の足を持って、落ちないように回っていきましょう。

〈声掛け5〉

保育者：お友達と手をつなぎながら、落ちないように回っていきましょう。

🎵 盛り上げよう！

○ マットの下に踏切板を敷き、坂道を作る。

○ マットの下に空気を少し抜いたボールを入れ、でこぼこ道を作る。

○ 鉛筆転がりのリレーをする。

ゲーム名：しゃがみ鬼（座り鬼）

- 対象：年中〜年長
- 動きの要素：座る、立つ、走る、よける
- 準備物：なし
- ゲームの内容：

  鬼は、しゃがんでいる子はタッチできないというゲームです。

  鬼はその場で10数える。

  鬼が数を数えている間に子どもは逃げる。⇒鬼につかまりそうになったら急いでしゃがむ。しかししゃがんでいる子には10数えたらタッチすることができる。

  子どもは鬼が10数え終わる前に逃げる。

  鬼は逃げている子どもにタッチするか、10数えてもしゃがんでいる子にタッチすると、鬼を交代できる。

  ※子どもはしゃがみながら移動するのは可としてもよい。

  人数が多い場合は鬼を増やして行う。

  5人に対して鬼が1人位が運動量も増えてよい。

> **POINT**
> **お約束が大切**
> 鬼ごっこをする時は、逃げる範囲や行ってはいけない場所〈例：遊具に登らない・バス（通園バス）の後ろや下に隠れない〉、また、鬼になっても泣かないなど、園の環境や子どもの実態に応じたお約束をしてから行いましょう。

図表3-11　しゃがみ鬼（座り鬼）

● **ゲームの展開例**

保育者：今からしゃがみ鬼（座り鬼）をします。

保育者：みんなは赤白帽子を白にしてください。

保育者：鬼をしたい人！

（子ども）：やりたい子どもが手を挙げる。（子ども5人に対して鬼が1人位）

保育者：鬼は帽子を赤にしましょう。

　　※帽子がない場合は、ゼッケンなどを使用する。または、長袖の場合は腕まくり、半袖は肩まで袖をまくるなどして、鬼の目印にする。

保育者：このお友達が鬼です。

保育者：鬼は10数えます。

保育者：その間にみんなは逃げてください。

　　　　鬼につかまりそうになったらしゃがむと鬼はタッチできません。

保育者：鬼は逃げているお友達にタッチするか、しゃがんでいるお友達に10数えてタッチすると、鬼を交代できます（子どもを使ってお手本を見せると分かりやすい）。

保育者：最後にお約束です（必ず、逃げる範囲や子どもの実態に応じた約束をしてから行う） POINT 参照。

保育者：それでは始めます。鬼は10数えましょう。

ゲーム名：グリンピース・チョコレート・パイナップル

- 対象：年中〜年長
- 動きの要素：跳ぶ、はねる
- 準備物：スタートラインとゴールラインを作る。
- ゲームの内容：
　先生とじゃんけんをして、子どもがグーで勝てば「グリンピース」と言いながら6歩前へ進む。チョキで勝てば「チョコレート」と言いながら6歩前へ進む。パーで勝てば「パイナップル」と言いながら6歩前へ進む。早くゴールした人の勝ち。

図表3-12　グリンピース・チョコレート・パイナップル

● ゲームの展開例

保育者：線の上に立ちましょう。
　　　※壁に背中をつけて立ちましょう。（壁を使って行う場合）
保育者：今からグリンピース・チョコレート・パイナップルのゲームをします。
保育者：先生とじゃんけんをして、グーで勝てば「グリンピース」と言いながら6歩前へ進みます。
　　　※保育者は「グリンピース」と言いながら6歩前へ進むお手本を見せる。
保育者：チョキで勝てば「チョコレート」と言いながら6歩前へ進みます。
　　　※保育者は「チョコレート」と言いながら6歩前へ進むお手本を見せる。
保育者：パーで勝てば「パイナップル」と言いながら6歩前へ進みます。
　　　※保育者は「パイナップル」と言いながら6歩前へ進むお手本を見せる。
保育者：早く向こうの線（壁の場合はタッチ）まで行ったらゴールです。

♪盛り上げよう！

ケンケンや両足ジャンプなどでも行ってみましょう。

第3章　幼児の健康維持・増進のための身体活動

ゲーム名：だるまさんが転んだ（簡略化バージョン）

- 対象：年少〜年長
- 動きの要素：歩く、走る、這（は）うなど（動物模倣で多様な動きを経験させましょう）
  ※動いたら、スタート地点に戻るという簡略化したルールにすることで、年少からでも楽しめる。
- 準備物：スタートラインとゴールラインを作る。
- ゲームの内容：
  鬼（保育者）は、歩く、走る、這うなどゴールへ向かう動きを指示する。その後鬼（保育者）は、子どもに背を向けて「だるまさんが転んだ」と言う。子どもは、鬼が「だるまさんが転んだ」と言っている隙に、ゴールに向かって前へ進む。鬼に動いているのが見つかると、見つかった子どもはスタート地点に戻り、またスタートする。早くゴール地点についた子どもの勝ち。

図表3−13　だるまさんが転んだ

例：ライオン歩きの動物模倣の場合

● **ゲームの展開例**

保育者： みんなは線の上に立ちましょう。

保育者： 向こうの線がゴールです。先生はゴールの前に目をつむって立って「だるまさんが転んだ」と言うので、言ってる隙にゴールに向かって○○（例：歩いて・走って・ライオン歩きで）進みましょう。

　　※子どもに指示した動きを、保育者がお手本となって見せる。

保育者： 動いているのが先生に見つかったら、スタート地点に戻ってまた始めましょう。

保育者： 早く、ゴールまでたどり着けた人がチャンピオンです。

🎵 盛り上げよう！

○「だるまさんが転んだ」の時に、友達と手を繋いで止まる（何人でも可）、背中をくっつけて止まる、おへそをくっつけて止まる、などのお題をプラスする。

○ 鬼が言うお題の動作を行う。例えば「だるまさんが歯を磨いた」と鬼が言ったら、その場に止まって歯を磨く真似をする。違う動作をすると、スタート地点に戻ってから、またスタートする。

○ 鬼が「だるまさんが転んだ」と言った時は、子どもは、転んだ真似をする。「だるまさんが転ばない」と言ったときは、立った姿勢で止まる。

○ 動物模倣でも行ってみましょう（図表参照）。

POINT

動物模倣のすすめ！

　動物模倣は、多様な動きを経験し、姿勢を維持する力や、バランス感覚ならびにボディーイメージなども養うことができる。また、色々な運動の基礎となる動きや感覚を養うことができる。例えば、「ライオン歩き」を行うことで、前回りでの、腕で体を支える力を養ったり、頭がお尻や腰より高い位置になることで逆さ感覚を養うことができる。また「ワニ歩き」をすることで、登り棒や逆上がりなどの腕の引き付け動作を養うことができる。

第3章　幼児の健康維持・増進のための身体活動

ゲーム名：まねっこまねっこできるかな？

- 対象：年少〜年長
- 動きの要素：立つ、座る、寝ころぶなど（子どもに真似て欲しい動きの要素を入れる）
- 準備物：なし
- ゲームの内容：
  保育者が「まねっこまねっこできるかな？」と真似て欲しい動作を行い、子どもは続けて「まねっこ、まねっこできますよ」と言いながら、保育者の真似をする。

図表3−14　まねっこまねっこできるかな？

● ゲームの展開例

保育者：今から「まねっこまねっこできるかな？」ゲームをします。
保育者：先生が「〇〇組さん」と言うとみんなは「何ですか？」と言ってください。
　※一度ここまで行ってみる。
保育者：そのあと「まねっこ、まねっこできるかな？」と言いながら色々なポーズをするので（保育者はお手本を見せながら行う）、みんなは「まねっこ、まねっこできますよ」と言いながら先生のまねをしてください。それでは、始めます。
保育者：「〇〇組さーん」
子ども：「何ですか？」
保育者：「まねっこ、まねっこできるかな？」（色々なポーズをする）
子ども：「まねっこ、まねっこできますよ」（保育者のポーズをまねる）

🎵盛り上げよう！

動物などを模倣したり、面白いポーズなどもしてみましょう。
慣れてきたら保育者の代わりに子どもを前に出させて行いましょう。

ゲーム名：た、た、たこ（ルール１）

- 対象：年少～年長
- 動きの要素：走る（スタートの仕方を工夫することで、寝ころぶ、起きる、立つ、などの動きも加わる）
- 準備物：スタートラインとゴールラインを作る。
- ゲームの内容：
  子どもはスタートラインに立つ（または腹這い、仰向け、長座など色々な姿勢からスタートする）。保育者が、「た、た、た、・・」と言っている時は、スタートラインに止まっている。「たこ！」と言ったら、ゴールラインに向かって走り競争する。

図表3－15　た、た、たこ（ルール１）

● ゲームの展開例

保育者：いまから「た、た、たこ」ゲームをします。
保育者：みんなは、線の上（スタートライン）に立ちましょう。
保育者：先生が「た、た、た、た、たこ！」と言うので、「たこ！」で急いでゴールラインまで走りましょう。
　※保育者は、実際にして見せながら説明をする。

♪ 盛り上げよう！

○「た、た、た、た、たぬき！」「た、た、た、た、たまご！」など違うものを混ぜて言うと盛り上がります。当然その時は、走ってはいけません。
○ また「さ、さ、さ、さめ！」や「ね、ね、ね、ねこ！」など、スタートの合図を色々変えてみるのもよいでしょう。

ゲーム名：た、た、たこ（ルール２）

- 対象：年少〜年長
- 動きの要素：走る、よける
- 準備物：お家（スタートライン）と鬼のお家（ライン）を作る。
- ゲームの内容：
  鬼（保育者）は、「た、た、た・・・」と言いながら鬼のお家から手を叩く。子どもはお家（スタートライン）から鬼の方に向かって歩いていく。鬼が「た、た、たこ！」と言ったら、鬼は子どもたちを捕まえにいく。子どもたちは急いでお家（スタートライン）に戻る。

〈捕まった場合〉
① 何回捕まってもよいが、1回も捕らなかった人がチャンピオン。
② 捕まったら保育者と一緒に鬼になる。

図表3-16　た、た、たこ（ルール２）

POINT
子どもの運動量の確保の観点から、捕まったらゲームから外れて応援するというのは最小限にとどめ、一緒に参加できる手立てをゲームに取り入れて行いましょう。また、ゲームの特性上応援させる場合でも、できるだけ短い時間にとどめ、再度ゲームを展開するなどの手立てを考えましょう。

● **ゲームの展開例**

保育者：今から、「た、た、たこ」ゲームをします。
保育者：先生が「た、た、た、た、た」と言っている時は、先生の方に歩いていきます。先生が「たこ！」と言ったら急いで今いるお家（スタートライン）に戻りましょう。
保育者：お家（スタートライン）に戻ると、鬼は捕まえることはできません。
　※保育者は、実際に子ども役をしてみせながら説明をする。

〈パターン1〉
保育者：捕まってもまた参加して構いませんが、捕まった回数が少ないお友達がチャンピオンです。

〈パターン2〉
保育者：捕まったら、先生と一緒に鬼になってお友達を捕まえにいきましょう。

♪ **盛り上げよう！**

「た、た、た、た、たぬき！」「た、た、た、た、たまご！」など違うものを混ぜると盛り上がります。当然その時は、お家（スタートライン）に戻りません。

ゲーム名：たことたぬき（ルール１）

- 対象：年中（後期）〜年長
- 動きの要素：走る、よける
- 準備物：真ん中とたこのお家、たぬきのお家、応援席のラインを作る。
- ゲームの内容：
  ２つのチームに分かれ、保育者が「た、た、た・・・」と言ったら、両チームともその声に合わせ手を叩きながら自分のお家から中央に向かって進む。保育者が「たこ！」か「たぬき！」のいずれかを叫ぶ。言われたチームは鬼になり相手のチームを追いかける。もう１つのチームは、自分のお家に急いで逃げ込む。

〈捕まった場合〉

① 何回捕まってもよいが、捕まった回数の少ない友達がチャンピオン（捕まったあとに見学させないことで運動量が確保できる）。

② 捕まったら、応援席で友達の応援をする〈真ん中の隅に線を引いて応援席（見学スペース）を用意する〉。

図表３−17　たことたぬき（ルール１）

● **ゲームの展開例**

※まず子どもたちを2チームに分ける。

保育者： 今から「たことたぬき」ゲームをします。

保育者： 先生が「た、た、た・・・」と言ったら、たこチームもたぬきチームも、その声に合わせ手を叩きながら自分の陣地から出て真ん中の線に向かって進みましょう。

保育者： 先生がその後に、「たこ！」か「たぬき！」と叫びます。「たこ！」と言ったら、たこチームが鬼になってたぬきチームを追いかけます。たぬきチームは捕まらないように急いで、自分のお家に戻りましょう。

保育者： 先生が「たぬき！」と言ったら、たぬきチームが鬼になって、たこチームを追いかけます。たこチームは捕まらないように急いで自分のお家に戻りましょう。

〈パターン1〉

保育者： 捕まってもまた参加して構いませんが、捕まった回数が少ないお友達がチャンピオンです。

※たことたぬきのゲームに慣れてきてから、ルール2に移行してもよい。

〈パターン2〉

保育者： 捕まったら、応援席でお友達の応援をしましょう。

🎵 **盛り上げよう！**

○ 慣れてきたら、保育者が言ったチームが逆に逃げる。

○「た、た、た、たまご！」「た、た、た、たまねぎ！」など違う言葉を混ぜて行うのもよいでしょう。

ゲーム名：たことたぬき（ルール2）

- 対象：年中（後期）〜年長
- 動きの要素：走る、よける（座ったり寝ころんだりスタートの仕方を工夫することで色々な動きの要素が加わる）
- 準備物：真ん中に2本（たこチームとたぬきチームのスタートライン）とたこのお家、たぬきのお家、応援席のラインを作る。
- ゲームの内容：

  たこチームとたぬきチームは、片足を自分のチームのスタートラインを踏んだ状態から行う。保育者が「た、た、た、たこ！」と言ったら、たこチームが鬼になり、たぬきチームを追いかける。たぬきチームは急いで自分のお家まで逃げる。「た、た、た、たぬき！」と言ったら、たぬきチームが鬼になり、たこチームを追いかける。たこチームは急いで自分のお家まで逃げる。

〈捕まった場合〉

① 何回捕まってもよいが、1回も捕まらなかった人がチャンピオン（捕まっても、ゲームに参加させることで、その子どもの運動量が確保できる）。

② 捕まったら応援席で友達の応援をする〈真ん中の隅に線を引いて応援席（見学スペース）を用意する〉。

図表3-18　たことたぬき（ルール2）

● ゲームの展開例

※まず子どもたちを2チームに分ける。

保育者：みんなはこの線に片足だけ踏んでください（真ん中にたこチームとたぬきチームのスタートラインを作っておく）。

※保育者はお手本を見せる。

保育者：今から「たことたぬき」ゲームをします。

保育者：先生が「た、た、た、たぬき！」と言ったら

保育者：「たぬきチーム」手を挙げて。

子ども：「はーい」手を挙げる。　※自分がたぬきチームであることを理解させる。

保育者：今、手を挙げているたぬきチームが鬼になり、たこチームのお友達をタッチしてください。

保育者：たこチームは、タッチされないように急いで、たこチームのお家まで逃げてください。

（たこのお家を指でさす）

保育者：先生が「た、た、た、たこ！」と言ったら

保育者：たこチーム手を挙げて。

子ども：「はーい」手を挙げる　※自分がたこチームであることを理解させる。

保育者：手を挙げているたこチームが鬼になり、たぬきチームのお友達をタッチしてください。

保育者：たぬきチームはタッチされないように急いで、たぬきチームのお家まで逃げてください。

（たぬきのお家を指でさす）

〈ルール1〉

保育者：捕まってもまた参加して構いませんが、捕まった回数が少ないお友達がチャンピオンです。

※たことたぬきのゲームに慣れてきてから、ルール2に移行してもよい。

〈ルール2〉

保育者：捕まったら、応援席でお友達の応援をしましょう。

🎵 盛り上げよう！

○ 慣れてきたら、「た、た、た、たこ！」と言ったら、たこチームが逃げるという形で逆にする。

○ お互い足を向かい合わせた状態での腹這い姿勢になったり、仰向けや長座姿勢などの色々なスタートも行う。

○「た、た、た、たまご！」「た、た、た、たまねぎ！」など違う言葉を混ぜて行うのもよいでしょう。

1.6 子どもを取り巻く環境の変化について

　一昔前は、道路や公園、空き地などで子どもが自由に遊ぶ風景が見られた。しかし、近年は車の増加で道路などの遊び場は奪われ、空き地には家やマンションが建設され、公園は安全面から遊具や遊び方まで様々な制約がかけられ、子どもたちが自由に使えなくなってきている。

　国土交通省 (2013)[13]が行った「都市公園及びその他の公園における遊戯施設等の設置状況」調査によると、都市公園では 2001 年の調査時からゆりかご型ぶらんこは 9,082 台から 1,401 台へ、回転塔（回転ジャングルジム）は 4,405 台から 2,265 台に半減した。シーソーも約 1,400 台減少し、12,505 台となった。それらの「動きのある遊具」が姿を消している背景には、老朽化という理由以外に多くの子どもがそれらの遊具でけがをしていることが大きな原因となっている。「動きのある遊具」は子どもの神経系の発達を促し、調整力を培うには最良の遊具ではあるが、その分事故も多い。設置者の責任問題に発展するケースもあり難しい問題である。2002 年には文部科学省からの告知・通達もあり、「動きのある遊具」は幼稚園や小学校からも姿を消すようになってきている。

　加えて、公園でのボール遊びを禁止しているところも昔に比べて多くあり、子どもの遊びが制限されている状況である。

　スポーツ庁 (2018)[14]の調査によると、毎年行っている全国体力・運動能力、運動習慣等調査[注5]のボール投げは、小学校 5 年生及び中学校 2 年生とも昭和 60 年頃をピークに、特に低下傾向が続いているとされている。これらの調査結果は、子どもたちの取り巻く環境の変化と関係があるのではないだろうか。

子どもの発達の課題からのアプローチ

2.1　運動の発達の特性と動きの獲得

　子どもの体力・運動能力の低下の直接的な原因として、多様な動きの経験不足と運動量の減少をあげることができる。運動量の減少は、疲労感や空腹感の減少など生活リズムの乱れの問題となって現れてくる。

　また、多様な動きは特定の運動ばかりを繰り返すトレーニングのようなものになってはならない。子どもが夢中になって自発的に楽しく取り組める環境構成が必要である。この項では、全国体力・運動能力、運動習慣等調査で、特に低かったボール投げ・運動成就率

注5　全国体力・運動能力、運動習慣等調査は平成 26 年度までは文部科学省が実施。

が一番低いとされる登り棒[注6]・運動面、生活面のトータル的な躓きの改善が期待できるビジョントレーニングについて、スモールステップで達成感を味わいながら体力・運動能力を高める運動遊びの展開例や系統性について解説していく。

2.2 ボール投げについて

「幼児期運動指針ガイドブック」では、幼児期に経験する基本的な動きの例として「体のバランスをとる動き」「体を移動する動き」「用具などを操作する動き」の3つが示されており、それらを経験し多様な動きを獲得することが望まれている。その中の「用具などを操作する動き」の中には上手投げで「投げる」の動作もイラスト入りで紹介されている（図表3-19）。しかしスポーツ庁（2018）の調査によると、前述したように体力・運動能力のピークは、昭和60年頃であるとされている。その昭和60年度の調査結果とその後の年の結果を比較すると、ボール投げに関しては昭和60年度の平均値は、小学校5年生男子29.94m、女子17.60m、中学校2年生男子22.10m、女子15.36mであった。昭和60年度の平均値以上ボールを投げた児童生徒の割合は、平成22年度は小学校5年生男子30.6％、女子25.9％、中学校2年生男子46.9％、女子31.8％であり、平成30年度は小学校5年生男子18.9％、女子20.5％、中学校2年生男子42.0％、女子29.3％で、児童生徒の

図表3-19 「用具などを操作する動き」の「投げる」

投げる

出典）幼児期運動指針策定委員会「幼児期運動指針ガイドブック」文部科学省 2012年 9頁

図表3-20 体力テスト項目別平均値と昭和60年度の平均値以上の児童生徒の割合

	小学校5年生男子ボール投げ		小学校5年生女子ボール投げ		中学校2年生男子ボール投げ		中学校2年生女子ボール投げ	
	m	%	m	%	m	%	m	%
S60	29.94	—	17.60	—	22.10	—	15.36	—
H22	25.23	30.6	14.55	25.9	21.18	46.9	13.20	31.8
H26	22.89	20.5	13.89	21.2	20.81	44.3	12.81	28.4
H27	22.51	19.2	13.76	20.5	20.61	42.8	12.77	28.2
H28	22.41	19.1	13.87	21.1	20.54	42.3	12.78	28.3
H29	22.52	19.9	13.93	21.5	20.51	42.1	12.88	29.1
H30	22.14	18.9	13.76	20.5	20.49	42.0	12.90	29.3

出典）スポーツ庁「平成30年度全国体力・運動能力、運動習慣等調査結果について」2018年より筆者作成
※小学生はソフトボール投げ、中学生はハンドボール投げで測定。

注6 橋本（1999）によると、年長児を対象に5月と3月に鉄棒4種目（足抜き回り、尻上がり、前回り、逆上がり）、登り棒、雲梯の運動成就率を調査し、登り棒の運動成就率が一番低かったと報告している。

半数以上が昭和60年度の平均値を下回っている（図表3-20）。投げるという動作は、子どもの成長過程において自然に発達するものではなく、日常における「投げる」という経験が必要であり、それを繰り返すことによってはじめて習得される動作である。ただし幼児期は、ボール投げばかりを繰り返し、言葉かけも手と足の関係やからだの向き、投げ出す方向など、子どもにとって辛い訓練や技術的な説明などを行うトレーニングのようなものになってはならない。子どもが夢中になって自発的に楽しく取り組める環境構成が必要である。そうやって遊び込むことで、結果としてその動きを身につけることに繋がるのである。

例えば、「投げる」（上手投げ）時に必要な肘の引き上げ、腕の振り、手首のスナップ、上体と下体を連動させる動きなど類似性のある運動遊びを取り入れるとよい（図表3-21）。

図表3-21 「投げる」動作に繋がる類似性の運動遊び（A、B）

「A：新聞破り」では、平手で新聞紙を叩いて破る。バシッと大きな音が出るように叩き、1枚でできたら、2枚、3枚でも行う。上手投げと同じように、必ず上から叩いて破らせるようにする。

「B：紙飛行機」では、腕を振って飛ばすのではなく、肘から手首を意識して使うようにして、まっすぐ押し出すようにすると安定して飛ばすことができる。

第3章　幼児の健康維持・増進のための身体活動

図表3-21　「投げる」動作に繋がる類似性の運動遊び（C、D）

C：紙鉄砲

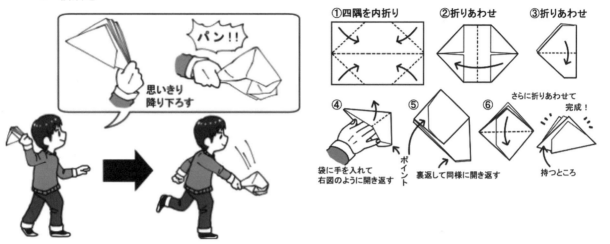

D：メンコ

　「C：紙鉄砲」も、単に腕を振るのではなく、肘を高く上げてから素早く振り下ろす。その時に手首のスナップを利かせる動きをすることで、大きな音がなる。
　「D：メンコ」も投げる動作の肩、肘を効率良く使う動きが身に付く。また相手のメンコをねらって、手首のスナップを利かせて手元からメンコを離す動きで、ボールのリリースでの指の使い方が養われる。

2.3 登り棒について

1) 小学校教育とのつながり

登り棒は、跳び箱などと同じようにできる、できないがはっきりしており、苦手意識のある児童が多い。

年長児を対象にした運動成就率の調査では、鉄棒4種目（足抜き回り、尻上がり、前回り、逆上がり）、登り棒、雲梯の中で、登り棒の運動成就率が一番低かったという調査もある[15]。

「幼児期運動指針ガイドブック」の「体を移動する動き」の中には「登る」の動作がイラスト入りで紹介されている（図表3-22）。また、「器械・器具を使っての運動遊び」について教師用指導資料「小学校体育（運動領域）まるわかりハンドブック」（低学年）[16]には、「登り棒を使った運動遊び」の例示として、「登り下り」・「逆さ姿勢」などがイラスト入りで紹介され、「幼児期運動指針ガイドブック」の登る動作と系統性を保った内容になっている（図表3-23）。

しかし、筆者の研究では、おへそを登り棒にくっつけることができなかったり、足を登り棒に挟むことができなかったりと、「幼児期運動指針ガイドブック」で獲得することが望まれる動作が獲得できていない小学1年生が多数いた。登り棒ができない子どもたちに話しを聞くと、幼児期からできないということだった。登り棒が好きか嫌いかのアンケートを実施したところ、1クラス22名の1年生の内9名（41％）が「好き」と答え、「嫌い」は13名（59％）であった。登り棒におへそをくっつけての支持ができない児童は7名（32％）であった。小学校とのつながりの観点から、幼児期におへそを登り棒にくっつける動作や、足を登り棒に挟む動作などを習得する必要がある。以下は小学校1年生を対象に、幼児期に望まれる「登る」動作を、スモールステップで成功体験を重ねながら動作の習得をめざした筆者の研究の概要を述べる[注7]。この場の展開

図表3-22 「体を移動する動き」の「登る」

出典）幼児期運動指針策定委員会「幼児期運動指針ガイドブック」文部科学省 2012年 9頁

図表3-23 「登り棒を使った運動遊び」の「登り下り」・「逆さ姿勢」

出典）文部科学省「小学校体育（運動領域）まるわかりハンドブック」（低学年）2011年 16頁

注7 本研究は「小学校低学年における登り棒の段階的指導法について ― 平均台を使ってのアプローチ ―」として日本体育学会第69回大会（2018年）において口頭発表し、幼児児童教育研究（2018年）に掲載された論文を再構成したものである。

例は幼児期にも活用できるため示すこととする。

(1) 調査対象：大阪府内の1年生
24名(男子12名　女子10名)
(2) 実施時期：2010年6月
(3) 時間数：3時間

2) 登り棒の「登り方」に関して

登り棒の「登り方」は主に2通りある。1つ目は図表3-24Aの様に、登り棒に足を絡める登り方である。2つ目は、図表3-24Bのように、登り棒を両足の裏で挟み、登る方法である。図表3-24Aの足を絡めて登る方法は、太腿、ふくらはぎ、足首を登り棒に巻き付けながら、手で身体を引き上げるため腕の力が必要で、かつ、長ズボンや靴を履いていると滑りやすい。図表3-24Bでは、手で身体を引き上げるのと同時に、足の力を利用し、足の裏で登り棒を挟みながら、身体を持ち上げることから、図表3-24Aの方法より手に力が無くても登りやすい。また、平均台の側面に足を挟み込み移動することが可能なので、徐々に傾斜をつけて、スモールステップで達成感が味わえる場の設定ができる。

平均台の場の設定については、まず、登り棒を横に倒したイメージで、平均台を使って、横に移動する動作だけを習得させた（図表3-24D）。これは、登る負荷をかけず、おへそを平均台にくっつけながら手と足を使って、「体を移動する動き」の獲得に主眼を置くためである。その後、徐々に跳び箱を使って平均台に傾斜をつけ、登り棒に近付けていく場の設定

図表3-24　達成感を重ねる登り棒の場の設定

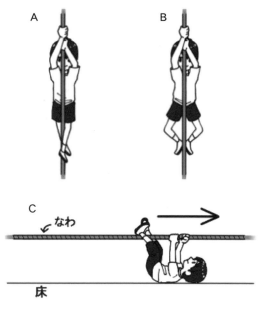

をした。図表3-24D、E、Fと場の設定を変更することで、自分を支える力がより必要になってくる。

〈授業に関して〉

単元名は「登り棒に挑戦しよう」とした（図表3-25）。

1、2時限目は小単元として「ジャングル探検をしよう」として行った。モノレール（図表3-24D）だけをすると待ち順番の時間ができるため、運動量を確保することと、登るという動作を習得させる意図でレンジャー部隊（図表3-24C）やワニ歩き（図表3-13参照）など類似性運動（アナロゴン）でサーキット遊び[注8]を取り入れて行った。レンジャー部隊は、背中を床につけて足を上げ、手だけで前へ進ませる場を2本つくり、1本は苦手な子どもでもできるように、なわに結び目を作って力が無くても移動しやすい場とした。また、2限目は、子どもたちの発想も取り入れ、おへそを床にくっつけて腹ばいの姿勢でのレンジャー部隊などにも取り組んだ。ワニ歩きは慣れてくると、2限目からはコーンをいくつか用意してゴムを張り、ゴムに当たらないように行わせた。これは、床におへそをくっつけて進むことで、モノレールのおへそをくっつけて進むことへの繋がりを考えて行うものである。

3限目の小単元「登り棒で遊ぼう」では、登り棒から足が地面に付かないようにするだけの支持遊びを行った。これは、おへそをくっつけて正しく登る姿勢での支持ができるようになることをねらいとしたものである。その後、等間隔に登り棒に様々な色のテープを貼

図表3-25　単元名：登り棒に挑戦しよう

	ジャングル探検をしよう （サーキット遊び）		登り棒で遊ぼう
時間	1	2	3
ねらい	・平均台におへそをくっつけて移動できる ・引き付け動作ができるようになる		・登り棒におへそをくっつけて支持できる ・登り棒に登れる
内容	・モノレール（徐々に傾斜をつけていく） ・レンジャー部隊 ・ワニ歩き	・モノレール（傾斜をより付けて） ・レンジャー部隊（仰向け、うつ伏せ） ・ワニ歩き（コーンで高さに制限）	・登り棒で支持遊び。 ・登り棒でどこまで登れるか挑戦（色テープを等間隔で貼っておく） ・身に付けた動きを子ども自ら工夫して遊ぶ。

注8 サーキット遊びとは、特定の場をいくつか設定し、そのコースをグルグル回りながら、様々な運動遊びを連続的に行うことである。比較的簡単にできる運動の場を設定することで、指導者の補助なしで運動ができ、かつ、待ち順番が少なくなり、運動量の確保もできる。

り、どの色テープまで登れるか挑戦させた。これは、登り棒が苦手な子どもでもスモールステップで、上に登る達成感を味わうことをねらいとしたものである。

また、これらの身に付けた動きを子ども自ら工夫して行う時間も設定した。

3）結果と考察

図表3−24D、Eの場の設定までは容易にできる子どもが多くいたが、図表3−24Fの場の設定になってくると自分を支える力がより多く必要になり、補助が必要であった。

おへそをくっつけて支持できない子どもは学習前は7名であったが、学習後は全員できるようになった。しかし、一人で一番上まで登れる子どもは学習前は5名、学習後は6名ということであまり達成度に変化は見られなかった（図表3−26）。おへそを登り棒にくっつける動作ができても、自分の体を持ち上げる筋力がついていないためと考えられる。それを裏付けることとして、学習後は子どもの足を登り棒に挟む補助をしてあげると、おへそを登り棒にくっつけながら、皆、容易に登れるようになっていた。

身に付けた動きを子ども自ら工夫して行う時間では、図表3−23に示されている様な登り棒を2つ使って足抜き回りをしたり、他の登り棒へ、地面に落ちないように次々に移動したりの遊びの展開例が見られた。

登り棒の好きか嫌いかの好嫌度の調査では、好きと答えた児童が9名から20名に大きく増えた（図表3−27）。χ^2検定では（$\chi^2 = 24.592$、df = 4、p < .001）であり有意な差が認められた[注9]。その理由が「面白いから」「前よりできるようになった」であった。一人で登ることができなくても、支持遊びや等間隔に色付きテープを貼り、スモールステップで達成感が味わえる教材にしたことが、意欲を向上させた可能性がある。

また、3時間の学習では、平均台に傾斜をつけて登ることができても、実際の登り棒で自分の体を持ち上げる筋力をつけることができなかった。しかし、登り棒が楽しい・好きという経験をさせることが一番大切だと考える。そうすることで、子ども自身が遊びとし

図表3−26　登り棒の達成度

	支持ができない	支持ができる	一人で登れる
学習前	7名	10名	5名
学習後	0名	16名	6名

図表3−27　登り棒の好嫌度

	好き	嫌い
学習前	9名	13名
学習後	20名	2名

注9　1変数によるχ^2検定では、ある理論や仮説によって各カテゴリの出現頻度が理論的に分かっていて、その理論的分布と実際に得られた各カテゴリの出現頻度の分布とが、統計的に異なるのかどうかを検証する方法である。

て休み時間などに継続的に登り棒に取り組み、登るという動作を培うこととなるからである。

2.4 生活面・学習面・運動面の発達を促すビジョントレーニング
1) 幼児期に視覚機能に着目する意義

スキャモンの発育・発達曲線を参照すると、神経型は生まれてから5歳頃までに80％の成長を遂げ6歳でほぼ90％になるが、神経型は、神経系の脳、脊椎、感覚器系の視覚器なども含まれている。また、五感の情報は視覚83％、次いで聴覚が11％で、残りの嗅覚3.5％、味覚1.5％、触覚1％だと言われている様に[17]、視覚から受け取る情報が一番多く、視覚を鍛え素早く正確に体を動かせるようになることが、運動能力を高めることにも繋がったり、生活面の躓きの解消に役立ったりすることも、多数報告されている。

視覚機能が弱いと、勉強や作業に集中できなかったり、整理整頓ができなかったりするなどの症状が現れることが明らかになっている[18][19]。文部科学省「通常の学級に在籍する発達障害の可能性のある特別な教育的支援を必要とする児童生徒に関する調査」(2012)[20]の結果では、教育的支援を必要とする児童生徒が約6.5％程度の割合で通常の学級に在籍している可能性が示されているが、それらの子どもにも見る力を高めるトレーニング（ビジョントレーニング）を行うことで発達の躓きが改善される可能性がある。

2) ビジョントレーニングとは

見る力を高めるビジョントレーニングには大きく分けて3つの種類がある。
眼球運動（入力機能）、視空間認知（情報処理）、適切に体を動かす能力〈眼と体のチームワーク・ボディーイメージ〉（出力機能）がある。
以下にこの3つを概説する。

(1) 眼球運動(入力機能)

眼を動かす能力は、体の発達と同じように、子どもの発育の中で徐々に身に付いていくものだが、生活面、学習面、運動面に躓きのある子どもは、これらの眼球運動にも躓きがあることが多く見受けられる。眼球運動トレーニングを繰り返し行うことで、正確に、はやく眼で映像をとらえる能力が培われ生活面、学習面、運動面などの躓きの解消が期待できる。

その眼球運動トレーニングは大きく分けて、跳躍性眼球運動トレーニング、追従性眼球運動トレーニング、両眼のチームワーク（両眼視機能）の3つである（図表3-28）。跳躍性

第3章　幼児の健康維持・増進のための身体活動

　眼球運動トレーニング（図表3-28A）は、左右の親指を立て、親指から親指へ視線をジャンプさせるトレーニングである。横、縦、斜めと行う。人ごみの中から人を探すなど、多数の情報の中から自分の必要な視覚情報を得るために必要なトレーニングである。

　追従性眼球運動トレーニング（図表3-28B）は、親指を顔の周りに円を描くように動かし、眼でその親指を追うトレーニングである。反対周りも同様に行う。慣れてくれば、円を大きく描いたり、他の人が描く円などを眼で追ったりも行う。本に書かれている文字を読むなど、対象物に合わせ正確に眼だけを動かすトレーニングである。

　両眼のチームワーク（図表3-28C）は、近くを見るときは眼を寄せる（輻輳(ふくそう)）、遠くを見るときは両眼を離す(開散(かいさん))トレーニングである。両眼のチームワークができることで正確な立体感、遠近感が獲得できる。

　これらの眼球運動トレーニングは「眼の体操」として、童謡や園歌、アニメの主題歌など子どもになじみのある曲に合わせて行うと、子どもたちも楽しんで継続的に行える。また、最初はゆっくりめの曲を選び、眼球運動がスムーズにできるようになってから、テンポの速い曲にしていくことも大切である。

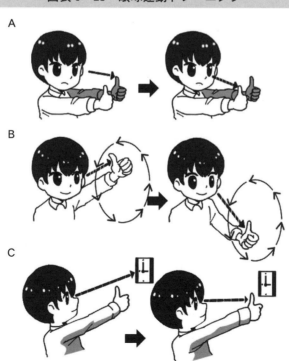

図表3-28　眼球運動トレーニング

(2) 視空間認知(情報処理)

「追従性眼球運動(Pursuit)」や「跳躍性眼球運動(Saccade)」、「両眼のチームワーク」などが円滑に行われ、それが何であるか視神経を通って脳に送られ認識される。この脳の働きが視空間認知である[注10]。視空間認知には、空間知覚(空間認知)と、形態知覚(形態認知)がある。

空間知覚(空間認知)とは、見ているものが、どのように動いているのか、どのくらいの距離の位置にあるのか、他のものとどのような位置関係にあるのか等の空間的な位置関係を認識する機能である。

形態知覚(形態認知)とは、見ているものが何であるかを理解することである。眼から入った情報は、様々な点や線、色等で表現されており、それを統合して何かの形で認識する必要がある。この機能が形態知覚(形態認知)である。

(3) 適切に体を動かす能力(眼と体のチームワーク・ボディーイメージ)(出力機能)

眼と体のチームワークとは、眼で見たものを理解(視空間認知)できたら、その認知された情報をもとに、手や体を適切に動かす働きのことである。

ボディーイメージとは、視覚、前庭感覚(バランス感覚)、固有感覚(筋肉や骨を動かす感覚)、聴覚、触覚など自分の身体に関する感覚を使って、自分の身体の傾きや大きさ、力の入れ具合など、自分の体に関する総合的な認識のことである。ボディーイメージが未発達だと体を動かすことがぎこちなかったり、ものとの距離感がつかめなかったりする。ボディーイメージをつかむためには、第3章で取り上げている、「幼児期に経験する基本的な動きの例」(図表3-4)の様な多様な動きが経験できるような様々な遊びが必要である。ボディーイメージが身に付けば、何をする時でも、スムーズで正確な動きができる。

3) ビジョントレーニングの効果とは

「運動神経がよい」などと言われる能力は、眼や耳など感覚器から入ってきた情報を脳が上手に処理して、からだの各部に的確な指令をだす神経回路のことである。この能力を以前は調整力と呼んでいたが、最近は「コーディネーション能力」と呼ばれることが多くなってきた。特に視覚の情報は83%を占めているといわれており、視覚機能を鍛えることの重要性が着目されている。ビジョントレーニングには、コーディネーション能力(調整力)を高める効果がある。そのため最近では、発達障害のある子どもから、野球、サッカー、

注10 視空間認知のことを、視知覚や視覚認知、視覚情報処理などと表現することもある。

ボクシングなどのプロスポーツ選手に至るまでビジョントレーニングを取り入れることが多くなっている。

　加藤(2009)[21]によると、ビジョントレーニングを行うと前頭葉の内側の広い部分に血流と酸素が集まり、また第一次視覚野が位置する後頭葉以外の脳の成長を促す効果もあると報告されている。前頭葉は人間の運動、言語、思考、判断を司る場所であるので、ビジョントレーニングをすることで前頭葉の発達を促し、生活面の躓きの解消も期待できる。北出(2010)によると、視覚機能を高めるトレーニング(ビジョントレーニング)を行うことで、書(描)く力、読む力、作る力(手先の器用さ)、運動する力、集中力・注意力、記憶力、イメージ力などが身についていくと述べられており[22]、発達障害のある児童・生徒の躓きの改善の報告もなされている[23][24][25]。

2.5　ビジョントレーニングを取り入れた運動遊びの効果

1) 概要

　ビジョントレーニングの基本は、前述した通り、眼球運動・視空間認知・適切に体を動かす能力(眼と体のチームワーク・ボディーイメージ)の3点から構成されている。ビジョントレーニングを取り入れた運動遊びを行うことで、実際にどのような効果が得られるか、筆者が行った調査がある[注11]。これは、生涯の健康の基礎となる幼児期にビジョントレーニングを取り入れることによって、視覚の入力機能と認知機能を高める可能性があり、生活面の躓きが解消されるのではないかと期待して実施したものである。以下に、概要を述べる。

(1) 調査対象：A幼稚園年長クラスの9名
(2) 実施時期：2016年1月～2月(全5回)
(3) レッスン：1回45分(全5回)
(4) 方　　法：対象の幼児に、レッスン開始前と終了時に跳躍性テスト(図表3-29)と追従性テスト(図表3-30)を時間内にどのくらいできるか計測し、その回数の合計平均を毎回記録していった。対象の幼児の保護者には、1回目のレッスン開始前と5回目のレッスン終了後に「視覚機能チェックアン

図表3-29　跳躍性テスト

14	1	19	21	29	12
23	7	25	27	2	18
4	13	26	30	9	22
10	20	24	3	15	28
16	11	8	5	17	6

注11　本研究は「幼児期におけるビジョントレーニングを取り入れた運動遊びに関する研究」として日本幼児体育学会第12回大会(2016年)において口頭発表し、幼児体育学研究(2017年)に掲載された原著論文を再構成したものである。

ケート」を実施した（図表3-33）。このアンケートは北出（2015）[26]を参考に、見る・読む・書く・見たものに合わせて動く、の4項目を取り上げ、作成した。

(5) レッスン内容の手順
① ウォーミングアップ（眼球運動トレーニング）（図表3-28）
② 適切に体を動かす能力（眼と体のチームワーク・ボディーイメージ）を取り入れた運動遊び[注12]

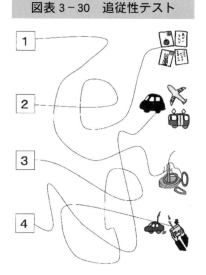

図表3-30　追従性テスト

2) 跳躍性テストと追従性テストとも統計的に有意な結果に

対象幼児に、トレーニングの前後に跳躍性テストと追従性テストを実施した。まず、Shapiro-Wilk検定で正規性を確認し、1回目の平均と5回目の平均の差が統計的に有意か確かめるために、両側検定のt検定を行った。これによって2つの実験結果の「平均値の差」に対して、違いが偶然か、あるいは本質的なものか（有意水準5％または有意水準1％で差があるか）判断を下すことができる。

この結果、跳躍性テスト、追従性テストともに、1回目より5回目のほうが有意に高いということが認められた（図表3-31、3-32）。両テストとも、2回目より数値が上がる子どももおり、また、跳躍性テストより追従性テストの方が、早く数値が上がる子どもが多数いた。

図表3-31　跳躍性テスト結果

	N	平均	標準偏差	t
1回目	9	5.39	2.97	-3.24
5回目	9	7.67	2.6	

$*p<.05$

図表3-32　追従性テスト結果

	N	平均	標準偏差	t
1回目	9	2.11	0.65	-8.94
5回目	9	3.78	0.67	

$**p<.01$

注12　色々な動物模倣やリズム体操、幼児期運動指針に基づいた多様な動きが展開されるような運動遊びを行った。例えば色々な動物模倣を行うことで、体のどこを動かせばその動物の動きになるかを行わせたり、リズム体操では、人の動きを認識して同じように体を動かしたりすることで、視空間認知や適切に体を動かす能力（眼と体のチームワーク・ボディーイメージ）を高めることを期待して行った。

3)「視覚機能チェックアンケート」の解説

保護者に協力してもらったアンケートは図表3-33のようなものである。結果を述べるまえにアンケートの解説をしておく。

図表3-33　視覚機能チェックアンケート

※日頃の子どもの様子を振り返ってみましょう。

	番号	質問	
見る	1	本を読むとき、眼を細める。	眼球運動のトレーニングを行いましょう
	2	本やノートを見るとき、眼との距離が近すぎる。	
	3	近くを見るとき、横眼で見たり片眼で見たりする。	
	4	遠くを見るとき眼を細める。	
	5	製作などの作業に集中できない。	
	6	すぐに眼が疲れる。	
読む	7	探し物がうまく見つけられない。	
	8	文字の読み間違いが多い。	
	9	読み飛ばしや、読んでいるところがわからなくなる。	
書く	10	ひらがなの書き間違いが多い。	視空間認知と眼と体のチームワーク・ボディーイメージのトレーニングを行いましょう
	11	うまく描けない絵がある。または、お絵かきで描いたものが、周りに伝わらない。	
	12	鏡文字をよく書く。	
見たものに合わせて動く	13	はさみで切る、ボタンを留める、ひもを結ぶといった手を使った作業が苦手。	
	14	ボールを投げたりキャッチしたりするのが苦手。	
	15	ダンスなどを見て覚えたり、まねたりするのが苦手。	
	16	鍵盤ハーモニカなど、鍵盤の位置をよく間違う。	
	17	右と左をよく間違う。	
	18	家具や歩いている人にぶつかったり、つまずいたりする。	

(1)「見る」「読む」の項目の1～9に○がある場合⇒眼球運動（入力機能）のトレーニングが必要である。

ここに○がついた場合、ものを眼でとらえる入力機能が未熟と考えられる。

1～6は輻輳（寄り眼）と開散（離し眼）の両眼のチームワークがスムーズにできていない。この機能が弱いと、距離感や立体感がつかみづらく、ものが二重に見えたり、眼が疲れやすかったり、ものにぶつかりやすかったりの症状が現れる。

7は、ある1点から別の1点へすばやく対象物をとらえる跳躍性眼球運動ができていない。この機能が弱いと、身の回りにあふれている多くのものの中から、早く、正確に自分に必要な視覚情報だけを得ることができず、人ごみの中から人を探すことが苦手であったり、本を読む時、行や文字を読み飛ばしたり、板書を写すのが苦手であったりの症状が現れる。

8、9は追従性眼球運動と跳躍性眼球運動ができていない。読む力を育てるためには、視線を滑らかに動かしたり、すばやく次の行に眼を移動させる機能を高める必要がある。

(2)「書く」「見たものに合わせて動く」の項目10〜18に○がある場合⇒視空間認知と眼と体のチームワーク・ボディーイメージ(出力機能)のトレーニングが必要である。

　形態知覚(形態認知)の機能が弱いと、絵を描いたり塗り絵がうまく塗れなかったり、文字をなかなか覚えられないなどの症状が現れる。また、空間知覚の機能が弱いと、球技が苦手であったり、周囲の人や物の位置を認識できず、人や物に躓いたりぶつかったりの症状が現れる。

　また、手先が不器用だったり、体の動きがぎこちなかったり、「見て動く」のが苦手な子どもであっても、視覚機能チェック表の症状が現れても、視覚機能に問題はなく、知能・言語・聴覚などが要因の場合もある。同じ症状でも色々な要因があることに留意して、その子どもの特性に応じた支援を行うことが大切である。

4)「視覚機能チェックアンケート」の結果

　ビジョントレーニングを取り入れた運動遊びを行うことで、「視覚機能チェックアンケート」の結果で改善率が高かった項目が3つあった。「見る」の項目では「製作などの作業に集中できない」、「読む」の項目では「読み飛ばしや、読んでいるところがわからなくなる」、「書く」の項目では「鏡文字をよく書く」である。

　とくに「見る」の項目の「製作などの作業に集中できない」は、保育者養成校の学生に対して眼球運動トレーニングを行った時も、「頭がすっきりして授業に集中できる」などの感想が多く、改善率が高かったことからも[27]、年齢にかかわらず眼球運動トレーニングを行うことで集中力を高める効果が期待できる。

　「読む」の項目の「読み飛ばしや、読んでいるところがわからなくなる」の原因として、本の文字を眼で追い、行の最後から次の行の先頭へ視線を移すことに躓きがある可能性が考えられるが、跳躍性テストや追従性テストの結果が1回目より5回目の平均が上がったことで躓きが解消されたことから、跳躍性眼球運動と追従性眼球運動の能力を高めることの有効性が示唆される。

　「書く」の項目の「鏡文字をよく書く」の原因として、見たものの全体像を認識する「視空間認知」の機能が未熟であったり、眼で見て、脳で認識された情報をもとに指や体を動かす「眼と体のチームワーク」が苦手であったりする可能性がある。運動機能は、全身を動かす「粗大運動」から手や指先を動かす「微細運動」へと発達していく。手先が器用に使えないのは、粗大運動が未発達のために起こることもある。「眼球運動」や「適切に体を動かす能

力（眼と体のチームワーク・ボディーイメージ）」を使った粗大運動の遊びの効果が、微細運動の躓きの解消に繋がった可能性がある。

5)「視覚機能チェックアンケート」の結果と「家でのテレビを見る時間」、「家での外遊びの時間」との関係

運動機能の発達は、全身を動かす「粗大運動」ができるようになり、そこから「微細運動」へと発達していく。眼球運動や手先の運動は微細運動であり、これらが上手に使えないのは全身を動かす粗大運動が未発達のために起こる。そこで、粗大運動にあたる「家での外遊びの時間」と、粗大運動を伴わない「家でのテレビを見る時間」などの生活習慣と、「視覚機能チェックアンケート」の結果に関係性があるか調査した。

「視覚機能チェックアンケート」の躓きの個数に関わる変数同士の相関分析を行った結果（図表3-34）、「視覚機能チェックアンケート」の個数と「家でのテレビを見る時間」（$\rho=.69$）に正の相関（図表3-35）が、「視覚機能チェックアンケート」の個数と「家での外遊びの時間」（$\rho=-.76$）に負の相関（図表3-36）、「家でのテレビを見る時間」と「家での外遊びの時間」（$\rho=-.84$）に負の相関（図表3-37）が認められた。

テレビ視聴時間と視力、または、テレビゲーム遊びの経験及び時間と視力の間には関連性がないという調査もあるが[28]、文部科学省（2011）[2]では、1日あたりのテレビの視聴時間が30分以下である幼児や運動をする機会が多い幼児は、我慢強く、やる気があり、集中力が高く、逆に、テレビの視聴時間が長く、運動する機会が少なくなるにつれ、それらは低くなると報告されており、運動の重要性が再認識される結果となった。

図表3-34 「視覚機能チェックアンケート」の躓きの個数に関わる変数の相関分析の結果

	生活アンケートの躓きの個数	1日のテレビを見る時間（1週間の平均）	家での外遊び
生活アンケートの躓きの個数	1	.69*	−.76*
1日のテレビを見る時間（1週間の平均）	.69*	1	−.84**
家での外遊び	−.76*	−.84**	1

$*p<.05$ $**p<.01$

図表3-35 躓きの個数とテレビ相関図

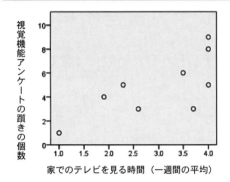

図表3-36 躓きの個数と外遊びの相関図

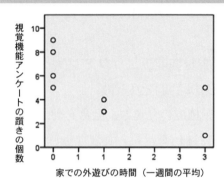

図表3-37 テレビと外遊びの相関図

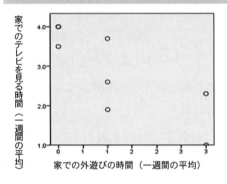

第4章
基本的生活習慣の理解と形成

基本的生活習慣の形成と指導

1.1 基本的生活習慣とは

　幼稚園教育要領、領域「健康」の「内容の取扱い」には、「基本的な生活習慣の形成に当たっては、家庭での生活経験に配慮し、幼児の自立心を育て、幼児が他の幼児と関わりながら主体的な活動を展開する中で、生活に必要な習慣を身に付け、次第に見通しをもって行動できるようにすること。」と記載されている。幼稚園教育要領では、「幼児」と記載されている部分は保育所保育指針では「子ども」、幼保連携型認定こども園教育・保育要領では「園児」などと異なる部分はあるが、「内容の取扱い」には、同じ意味の内容が記載されている。

　一般的に基本的生活習慣とは「睡眠、食事、排泄、清潔、衣類の着脱」を指す。

　基本的生活習慣の「睡眠」「食事」「排泄」は各々密接に関連しており、「睡眠」や「食事」のリズムが乱れると「排泄」のリズムも狂い、幼児期の子どもでも便秘になりやすい。

　また、生活習慣には、このような基本的生活習慣の他に、人との関わり方や、ものや生きものとの関わり方、安全に関するものなど、社会人として生きるためのルールにそった基本的な行動である社会的生活習慣がある。

1.2 食事の自立

1) 食育を通じた望ましい食習慣の形成

　食事は授乳、離乳食、大人と同じ食事と、段階を踏んで食べられるものを増やしていく。食事は、体の成長や発達に必要な栄養を摂取するという目的以外に、家族や友達と一緒に食べるなどの楽しみや、社会性を身に付けるという側面も持っている。幼稚園教育要領、

領域「健康」の「内容の取扱い」には、「健康な心と体を育てるためには食育を通じた望ましい食習慣の形成が大切であることを踏まえ、幼児の食生活の実情に配慮し、和やかな雰囲気の中で教師や他の幼児と食べる喜びや楽しさを味わったり、様々な食べ物への興味や関心をもったりするなどし、食の大切さに気付き、進んで食べようとする気持ちが育つようにすること。」と記載されている。保育所保育指針、幼保連携型認定こども園教育・保育要領においても、「内容の取扱い」には同じ意味の内容が記載されている。

　好き嫌いをなくそうと教えることも大切であるが、食材の形態を変えるなどして食べられるように工夫をし、食べることの喜びを味わえるようにすることも大切である。

　また、よく噛むことと、決まった時間に食べることも大切である。一日中あめを舐めていたり間食が多くなると、口腔内が酸性に傾き、歯に含まれるカルシウムやリンが溶け出す(脱灰)。この脱灰の状態を放置しておくと、むし歯となる。以上のことから、だらだら食べをするのではなく、食事と間食の時間を決めることは大切である。

2) 年齢に応じた食事の自立

　食事の自立に関しては、12か月頃に親指と人差し指の指先を使ってつまむ動作ができるようになると、スプーンを上から握るわしづかみができるようになる。これは指先の動きの分化が未熟であり、手を上向きに返す動作もまだ完全にできないため、このような持ち方となる。また食べ物をすくおうとしても、この時期はまだうまくコントロールできない。

　2歳頃に手を上向きに返す動作もできるようになり、スプーンを下から握ったり、さらに鉛筆持ちで握ったりできるようになっていく。3歳頃には、箸を使えるようになるといわれているが、箸への移行は焦らずに、スプーンで鉛筆持ちでの練習を十分にすることが大切である。

　またスプーンが使えるようになっても、手づかみ食べをやめないと相談される保護者もいるが、「自分の力で食べられるようになる」という、成長の大切なプロセスであるのでじっくり見守ってあげたい。また、手づかみ食べをすることで、食べ物の温度、固さ・柔らかさ、触感、匂いなどを感じて食べることで五感の発達にも繋がる。さらに目と手と口をすべて協調させて動かすことは、手先の発達に繋がる。手づかみ食べを十分にさせることで、その後のスプーンやお箸などへの移行もスムーズになるといわれており、スプーンを使おうとしなくても、焦らないことが大切である。

1.3　排泄の自立

　排泄の自立とは、尿意や便意を感じたら、それにしたがって自分で適切な場所で排泄し、おしりをきれいに拭き、手を洗うまでを含むため、長い期間が必要である。一般的に完全に自立するのは、4歳半から5歳頃である。しかし、排泄の自立に向かう時期は、家庭での生活や子どもの身体面の発達によっても異なる。一人ひとりの子どもの様子をよく見て、その子どもにとって適切な時期に適切な援助をしていくことが大切である。

1) 年齢に応じた排泄の自立

　乳児期は、直腸や膀胱に排泄物がたまると反射的に排泄し、泣いたり、急に静かになったりなどのサインで不快な状態を知らせる。おむつが濡れているときには、「きれいにしようね」などと声を掛けながら交換を行い、清潔になる心地よさを体験させるようにする。

　自分の意思で排泄できる目安は2歳〜3歳頃で、排尿の間隔も長くなり、動作や言葉で排泄の予告もできるようになってくる。その際、保育者は、子どものサインに注意し、一緒にトイレに行ってあげたり、定期的に声を掛けてあげたりと、子どもの排泄が自立できるように促すことが大切である。また、午睡後、おむつが濡れていないときは、優しく声を掛けてトイレに行くように促すのもよい。排泄には情緒的側面も影響するため、早く自立をさせたいという気持ちから幼児を叱ったりすると、排泄行為も不安定になる。

2) 排泄を促す際の注意点

　保育者は焦らずに一人ひとりの子どものペースを尊重し、他の子どもと比べたり便器に座ることが苦痛に感じたりする体験とならないように、子どもの状況に合わせて援助することが重要である。幼児との信頼関係を確立し、安心して排泄できるような声掛けやトイレを清潔で明るくするなどの環境作りも必要である。

　また、トイレトレーニングについては、連絡帳などで家庭と連絡を取り合って、無理のない範囲で協力して取り組めるようにすることも大切である。

1.4　衣服の着脱の自立

1) 年齢に応じた衣服の着脱

　衣服の着脱に興味を示すようになり、自分でやりたいという気持ちが芽生え、衣服を着たり脱いだりすることが一人でできることは、自らの身辺を清潔に保つ生活習慣の形成の第一歩である。また、子どもが興味をもち始めたら体験させ、繰り返し経験させることも

大切である。

　衣服の着脱は、腕を袖に通す・袖から抜く、頭を入れる・抜く、ボタンをつける・外すなど手先を使う技術が多くあるため、目と手の協応動作や手先の巧緻性を高めることにも繋がる。それらを通して身体を思い通りに動かすことも学んでいく。通常は簡単な「脱衣」から始まり、これができるようになると「着衣」へと移行していく。

　一般的に1歳頃になったら、靴や靴下、帽子などを自分で脱ぐことができるようになる。1歳後半頃になると、パンツやズボンを途中まで脱ぐことができるようになる。2歳頃になるとパンツやズボンを自分で履こうと試みたり、上着の袖に手を通そうとしたり着替えに興味を持つようになってくる。3歳頃になると、簡単な衣服は自分で着脱できるようになってくる。また、谷田貝（2007）[1]によると、衣服の着脱は3歳6か月頃に自立するとされている。

2）衣服の着脱の自立

　保育者や保護者は単に衣服の着脱だけを習得させるのではなく、脱いだ服をきちんとたたむこと、決まった場所に片付けることができるようにすること、清潔の大切さ、季節や気候に合わせた衣服の選択なども適宜伝えていかなければならない。また、寒いときには一枚はおる、暑いときには一枚脱ぐなど、保育者や保護者は声掛けをしながら、自分でできるようにさせることも大切である。以上のことから、「衣服の着脱の自立」というのは、子どもの発達にはとても大切である。

1.5　清潔

　清潔に関する生活習慣は、手洗い、洗顔、入浴、洗髪、歯磨き、うがいなどがある。

　食事や排泄、衣服の着脱などは、生理的欲求や反応、自分自身の不快感などの中で身に付くことが多いが、清潔習慣というのは、教えなければ身に付かないものである。子どもが清潔行為に関心を持ち、清潔にすると気持ちがよいということを実体験させたりすることが重要である。

1）疾病予防としての清潔

　手洗いやうがいは、病原体が手や指を介して口に入ることで感染する、経口感染の予防に繋がる身近な行為の1つである。外から帰って手洗いやうがいをするのは、目に見えない菌が手やのどに付いていることを話したり、汚れた手を見せたりして、理解させることも大切である。また清潔習慣の獲得は、保育者や保護者が手洗いを実践して、自らがお手

本となることも必要である。一般的に1歳半頃になると大人を模倣して手洗いをしたり、2歳頃からは自分から手洗いをするようになる。乳児期は、保育者や保護者は一緒に手を添えて手洗いをしてあげたり、おしぼりを用いたりして清潔習慣を身につけさせていくことも大切である。

2) 社会習慣としての清潔

清潔に関する習慣は、疾病予防のためだけではなく、他人に不快感を与えないという社会的な側面も持っている。入浴・洗髪・歯磨き・清潔な服を着用し身だしなみを整えることは、社会生活を送る上で、他人と共に気持ちよく生活するための社会生活上のマナーとしても大切な要素を含んでいる。

1.6 睡眠

1) 体内リズム

地球上の多くの生物は、1日約25時間を周期とする体内リズムがあり、概日リズム（サーカディアンリズム）と呼ばれている。このリズムは私たち哺乳類をはじめ、爬虫類、両生類、魚類、植物、バクテリアなど、地球上のあらゆる生物で観察されている。

人間は脳の視床下部のいちばん深い脳底（目の奥のあたり）にある視交叉上核という部分に体内時計があり、全身の細胞にある体内時計のリズムを束ねている。人間の体内時計の周期も24時間よりもやや長い周期といわれており[2]、朝の光や食事、社会的環境により24時間に調節される。この体内時計によって睡眠・覚醒、体温、心拍数、ホルモン分泌などのリズムもつくられている。

2) 生活リズムの乱れと体温異常や肥満

近年、幼児期でも10時間の睡眠が確保できていないとの報告がなされている[3][4]。「1日の体温のリズム」から考えると、幼児期の目安となる就寝時刻は20時～21時、起床時刻は6時～7時頃である（図表4-1）。しかし、家族の生活行動が夜型の場合、子どもは朝の起床が遅くなるという悪循環が続くことがある。子どもの生活リズムを確立するためには、規則正しい時間に寝て、起きるリズムを意図的につくってやる必要がある。そのためには、日中の十分な活動と早寝早起きの生活習慣が重要である。日中の身体活動量は就寝時刻とも密接に関係しており、睡眠ばかり気にして早く寝かせようとしても、子どもは眠りにつくことができず逆効果になることも少なくない。

前橋の調査によると[5][6]、運動量の少ない幼児は36度未満の低体温や37.5度近い高体

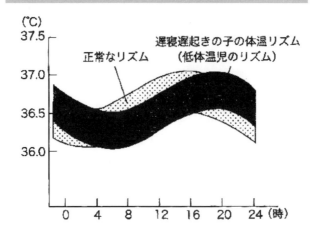

図表4-1　1日の体温のリズム

出典）前橋明編著『幼児体育 ―理論と実践―（初級）』第5版　大学教育出版　2016年　6頁

　温であることが多く、苛立ったり、集中力の欠如、対人関係で問題が生じるなどの事象が起こりやすいとされ、毎日2時間の運動を継続的に行うことで、18日目に体温異常の子どもが半減したと報告されている。つまり、運動することで自律神経が整い、「産熱」と「放熱」の機能が活性化されたことが要因だとしている。また、遅寝遅起きの子どもの生活リズムは外遊びで改善されるとし、以下の4点が大切と述べている。①体温の高まりがピークになる午後3時から5時頃に、しっかりからだを動かす。②夕食をしっかり食べて、夜9時前には寝る。③朝7時前には起きて、朝食を摂り、排便をする。④午前中も、できるだけ外遊びをする。

　また、3歳児の睡眠時間が9時間未満の子どもと11時間以上の子どもを比較すると、10年後に肥満になる子どもは睡眠時間9時間未満の子どものほうが約1.6倍多かったという調査結果もある[7)8)]（図表4-2）。その原因として、睡眠中の脂肪分解の役割を担っている成長ホルモンの分泌減少により、夜間の脂肪分解が抑えられて肥満が発生することが考えられる。また、睡眠不足により食欲に関係するホルモンであるレプチン（食欲抑制ホルモン）が低下し、グレリン（食欲増進ホルモン）の分泌増加により、食欲が増して肥満になることなども考えられる。

図表4-2　3歳の時の睡眠時間と10年後の肥満発生率

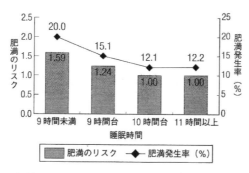

注）図は、3歳時の睡眠時間が短いほど、中学1年生時（10年後）の肥満発生率が高いことを示している．

出典）関根道和「心配な眠り(7) 寝ぬ子は太る」『チャイルドヘルス』Vol.10. No.9　2007年　26頁

3) 睡眠・覚醒リズムの確立

　新生児は睡眠と覚醒が3〜4時間のほぼ一定の周期を繰り返しながら、1日におよそ18時間くらいを睡眠状態で過ごしている。成長と共に睡眠は夜間に集中し、昼間は覚醒しているようになるが、乳児期は1日の必要睡眠量を夜間だけでなく日中の午睡で補う。生後8か月頃からは午前と午後1回ずつの午睡が必要である。1歳2か月を過ぎると午後1回のペースへと安定してくる。午睡は心身の疲労の回復や、1日の生活のめりはりともなるが、幼児期は睡眠の質が変化するため、昼寝を必要とする子どもと必要としない子どもが混在する。そのため、無理に昼寝の時間だからと強制するのではなく、個々の子どもの実態に応じた柔軟な対応が必要である。3歳頃になると約半数の幼児が昼寝をしなくなり、4歳頃になるとほとんど昼寝をしなくなる。昼寝をしなくなった子どもは、一般的に昼寝をしていた時よりも就寝時間が早まる。

第5章

安全管理と安全教育

 乳幼児に起こりやすい事故

1.1 乳幼児における不慮の事故

　厚生労働省(2018)[1]によると、2018年の我が国における0歳から9歳までの子どもの「年齢別による子どもの死因上位5位」は図表5-1の通りである。近年、子どもを取り巻く環境が変化し、子どもが生活する環境には様々な危険が指摘されている。日本の子どもの死亡について、病気を含む全ての死因別の上位をみると、「不慮の事故」は9歳以下の3つの年齢層のいずれでも3位以内に入っている。「不慮の事故」による死亡数は、0歳で3位65人、1～4歳で2位81人、5～9歳でも2位75人と、合わせて2018年には221人の命が失われている。また、「年齢別による子どもの不慮の事故における死因内訳」（図表5-2）をみると、0歳では「不慮の窒息」が最も多く76.9％を占めている。1歳以上では、「交通事故」の割合が最も大きく、1～4歳で39.5％、5～9歳で41.3％と共に約4割程度を占めている。

　子どもの事故の種類や原因は、発達段階によって異なる。事故を起こさないように、子どもたちに危険な物や場所を教えるなど安全教育は重要である。また、不慮の事故の多くは、周囲の大人の配慮によって事故を未然に防ぐことができるものが多いことから、事故を起こさないような環境作りも大切である。

図表 5-1　年齢別による子どもの死因上位 5 位（平成 30 年）

年齢	第1位			第2位			第3位			第4位			第5位		
	死因	死亡数(人)	死亡率	死因	死亡数(人)	死亡率	死因	死亡数(人)	死亡率	死因	死亡数(人)	死亡率	死因	死亡数(人)	死亡率
0歳	先天奇形等	617	67.2	呼吸障害等	263	28.6	不慮の事故	65	7.1	乳幼児突然死症候群	56	6.1	妊娠期間等に関連する障害	50	5.4
1〜4歳	先天奇形等	151	3.9	不慮の事故	81	2.1	悪性新生物＜腫瘍＞	73	1.9	心疾患	31	0.8	肺炎	23	0.6
5〜9歳	悪性新生物＜腫瘍＞	81	1.6	不慮の事故	75	1.5	先天奇形等	38	0.7	その他の新生物＜腫瘍＞	14	0.3	心疾患／インフルエンザ	12	0.2

注）1）〔1〕乳児（0歳）の死因については乳児死因順位に用いる分類項目を使用している。
　　　〔2〕死因名は次のように略称で表記している。
　　　　・心疾患←心疾患（高血圧性を除く）
　　　　・先天奇形等←先天奇形、変形及び染色体異常
　　　　・呼吸障害等←周産期に特異的な呼吸障害及び心血管障害
　　　　・妊娠期間等に関連する障害←妊娠期間及び胎児発育に関連する障害
　　2）0歳の死亡率は出生10万に対する率である。
出典）厚生労働省「平成30年（2018）人口動態統計月報年計（概数）の概況」2019年　36頁より筆者作成
※ 数値は小数第2位を四捨五入している。

図表 5-2　年齢別による子どもの不慮の事故における死因内訳（平成 30 年）

死因 \ 年齢	0 歳		1－4歳		5−9歳	
	死亡数	%	死亡数	%	死亡数	%
不慮の事故　総数	**65**	**100.0 %**	**81**	**100.0 %**	**75**	**100.0 %**
交通事故	3	4.6 %	32	39.5 %	31	41.3 %
転倒・転落・墜落	1	1.5 %	7	8.6 %	1	1.3 %
不慮の溺死及び溺水	7	10.8 %	17	21.0 %	19	25.3 %
不慮の窒息	50	76.9 %	19	23.5 %	6	8.0 %
煙、火及び火炎への曝露	0	0.0 %	3	3.7 %	7	9.3 %
有害物質による不慮の中毒及び有害物質への曝露	0	0.0 %	0	0.0 %	1	1.3 %
その他の不慮の事故	4	6.2 %	3	3.7 %	10	13.3 %

出典）厚生労働省「人口動態調査」2019年
　　　統計表名：(保管表) 死亡数及び死亡率（人口10万対）、死因（死因簡単分類）・性・年齢（5歳階級・小学生－中学生再掲）別、（表番号12－17）より筆者作成　※ 数値は小数第2位を四捨五入している。

2.1　園内における安全教育と事故予防

　子どもは発育・発達するにしたがって、様々なものに興味・関心を示すようになり、また自分の思うように身体を動かすことができるようになると、行動範囲も広がり、様々な危険な出来事にも直面するようになる。幼児期に培っておきたい能力の1つとして、安全についての心構えを身に付け、子ども自身が様々な危険に対処できることがある。幼稚園教育要領及び保育所保育指針ならびに幼保連携型認定こども園教育・保育要領における「健康」のねらいとして、「健康、安全な生活に必要な習慣や態度を身に付け、見通しをもって行動する。」とある。また、「内容」には「危険な場所、危険な遊び方、災害時などの行動の仕方が分かり、安全に気を付けて行動する。」とある。かつ、その「内容」に書かれている事項を保育者がどのように援助や配慮をして、経験させていくべきかということが示されている「内容の取扱い」には、「安全に関する指導に当たっては、情緒の安定を図り、遊びを通して安全についての構えを身に付け、危険な場所や事物などが分かり、安全についての理解を深めるようにすること。また、交通安全の習慣を身に付けるようにするとともに、避難訓練などを通して、災害などの緊急時に適切な行動がとれるようにすること。」とある。これらを達成するためには、保育者は、子どもの安全を確保するためにしっかりとした「安全管理」と、事故が起こらないように子どもたちへの「安全教育」に努めなければならない。幼児が遊びの中で色々な経験を重ね、その遊びを通して、遊具の使い方や入ってはいけない場所、危険な物などを理解する「安全教育」を習得していくことが必要である。また、保育者は、幼児の事故の特徴を知り、幼児が安心して遊ぶことができる環境に整備していくことも必要である。

2.2　園内の事故

　独立行政法人日本スポーツ振興センターの平成20年度から平成29年度までの調査によると[注1]、10年間に206件の障害事故[注2]が発生している[2)3)]（図表5-3）。0～6歳までの年齢別での発生割合の多い順に、4歳29.1％、5歳20.4％、3歳15.0％と、障害事故の76.2％が3歳以上で占められている。4歳児がもっとも多い理由としては、身の回りのこ

注1　独立行政法人日本スポーツ振興センターでは、義務教育諸学校、高等学校、高等専門学校、幼稚園、幼保連携型認定こども園、高等専修学校及び保育所等の管理下における災害に対し、災害共済給付（医療費、障害見舞金又は死亡見舞金の支給）を行っている。また、災害共済給付業務によって得られた事例の収集、分析、調査研究、関連情報を提供している。

注2　その事故で障害（将来的に回復を見込めない負傷）を負うこととなり、独立行政法人日本スポーツ振興センターから「障害見舞金」が支給された事故。

とがある程度1人でできるようになり、複雑な動きや身体をダイナミックに動かすことができるようになってくる時期ではあるが、「見る」「聞く」「判断する」などの能力は成熟していないなど、年齢による発達の特性があるためと考えられる。

また、日本スポーツ振興センター（2018）によると[4]、平成29年度に幼稚園・幼保連携型認定こども園・保育所等などの保育施設に対して医療費の給付を行った件数は67,558件であった。その中で、最も発生割合の高い負傷部位は、「顔部」（49.2％）であり（図表5-4）、子どもがけがをしたケースの6割弱は、頭部や顔部のけがで占められている。これは、乳幼児は頭が大きいという身体特性からバランスを崩しやすく、頭部打撲や首から上のけがに結びつきやすいことが原因である。また、ハイハイなどの運動経験が不足していることも要因の1つと考えられる。近年、転んだ時に手を出すことができない子どもが増えているという報告をよく耳にする。本来は、生後9か月頃になると中脳が発達し、パラシュート反射という姿勢反射が見られるようになる。これは、転んだ時に手を出す反射であり、生涯備わり続ける。さらに、ハイハイなどの運動経験が不足し、眼と手の協応動作ができていないとバランスを崩しやすい。そこで、手で支える動物歩行（ハイハイも含む）などの遊びが有効だと考えられる。また、転倒によって机の角やカバン掛けなどの突起物に衝突して、頭部や顔部のけがに結びついている事例もあることから、転倒に備えた保育室の環境づくりも重要である。

また、事故発生の多い時間帯は、幼稚園（図表5-5）では9～12時・13～15時までの時間帯に多く、幼保連携型認定こども園（図表5-6）、保育所等（図表5-7）は、9～12時・16～17時に

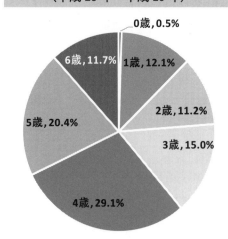

図表5-3　年齢別・障害事故の割合（平成20年～平成29年）

出典）日本スポーツ振興センター「学校の管理下の死亡・障害事例と事故防止の留意点＜平成21年版＞」～「学校の管理下の災害 平成30年版」2010年～2018年より筆者作成　※割合（％）は小数第2位を四捨五入している。

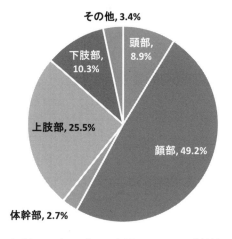

図表5-4　負傷・疾病における部位別発生割合（平成29年）

出典）日本スポーツ振興センター「学校の管理下の災害 平成30年版」2018年より筆者作成　※割合（％）は小数第2位を四捨五入している。

第5章　安全管理と安全教育

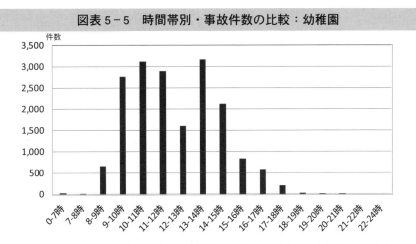

出典）独立行政法人日本スポーツ振興センター「学校の管理下の災害　平成30年版」2018年より筆者作成

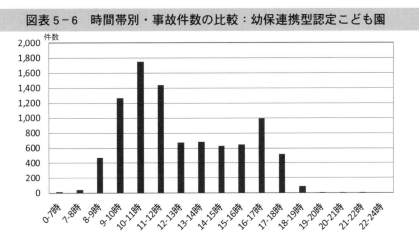

出典）独立行政法人日本スポーツ振興センター「学校の管理下の災害　平成30年版」2018年より筆者作成

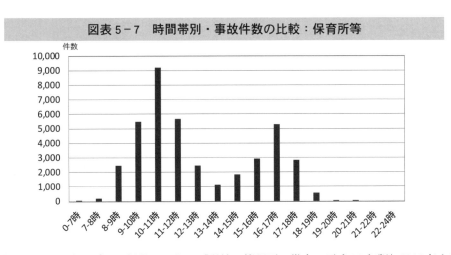

出典）独立行政法人日本スポーツ振興センター「学校の管理下の災害　平成30年版」2018年より筆者作成

多くなっていることに留意したい。これは、幼保連携型認定こども園、保育所等では13〜15時が年齢の低い子どもの午睡時間と重なっていたり、幼稚園より保育時間が長いことなどが関係していると考えられる。

2.3 保育中の死亡事故

独立行政法人日本スポーツ振興センターによると[2)3)]、平成20年度から平成29年度までの10年間に、51人の保育中の死亡事故が報告されている。年齢別では1位から3位までを3歳未満児が占めており、多い順に、1歳児(33.3％)、0歳児(17.6％)、2歳児(13.7％)であった(図表5-8)。0歳、1歳、2歳の低年齢児の死亡事故は、その多くが睡眠中(午睡)に起きている(図表5-9)。このことから、睡眠中の突然死に対するさらなる安全管理の必要性がうかがえる。また、独立行政法人日本スポーツ振興センター「学校における突然死予防必携改訂版」[5)]によると、突然死は幼稚園、保育所等では4月に最も多く、次いで5月に多く発生しているという調査もある。突然死は予測困難といわれるが、入園児はできるだけ慣らし保育を行い、受け入れ時の健康観察をしっかりと行うことも大切となってくる。また、4月に担任を引き継ぐ時は、保育者間の連携はもちろんのこと、再度子どもの病気や既往歴、日頃の健康状態について保護者との共通理解を図ることも大切である。ならびに、朝の受け入れ時は必ず保護者から健康状態をしっかりと確認し、延長保育時は保育者間で子どもの情報を必ず引き継ぐことも心掛けたい。特に、学校生活管理指導表[注3]が提出されて

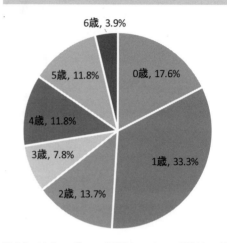

図表5-8 年齢別・死亡事故の割合（平成20年～平成29年）

出典）日本スポーツ振興センター「学校の管理下の死亡・障害事例と事故防止の留意点＜平成21年版＞」～「学校の管理下の災害 平成30年版」2010年 ～ 2018年より筆者作成 ※割合（％）は小数第2位を四捨五入している。

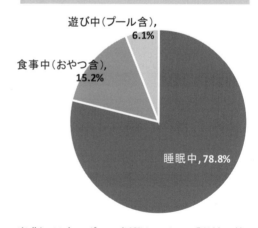

図表5-9 0～2歳児の死因別・死亡事故割合（平成20年～平成29年）

出典）日本スポーツ振興センター「学校の管理下の死亡・障害事例と事故防止の留意点＜平成21年版＞」～「学校の管理下の災害 平成30年版」2010年 ～ 2018年より筆者作成 ※割合（％）は小数第2位を四捨五入している。

注3 生活上の注意及び指示事項を主治医が記入した表のことで、学校教育活動、特に体育的活動を伴う場合の運動強度の区分が示されている。

いる子どもの場合は、運動や身体活動を伴う活動については、観察をきめ細かく行うなどの対応も大切になってくる。

3歳児以上は、遊び（プールを含む）、園外、降園・登園中など活動中での死亡事故が多い（図表5-10）。その中で特に多いのが水の事故である。水の事故は、園内外のプールや園外での川遊び中に起こっている。プールや川での見守りは死角がないように、プールや川の中と外からの両方から行うなど保育者同士連携を取り合い、複数で見守ったりすることが事故防止に繋がる。また、入水、退水時は人数確認を必ず行うことも怠ってはならない。川では、急に深くなっている場所や流れが速くなる川の曲がり角などでの活動は避けるようにし、保育者を危険箇所各所に配置するなどの対応も必要である。ならびに、子どもにライフジャケットを着用させて活動させることも考えたい。

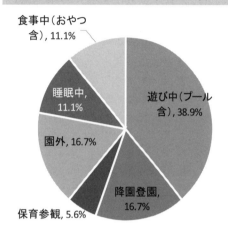

出典）日本スポーツ振興センター「学校の管理下の死亡・障害事例と事故防止の留意点＜平成21年版＞」～「学校の管理下の災害 平成30年版」2010年～2018年より筆者作成　※割合（％）は小数第2位を四捨五入している。

2.4　安全管理の必要性

米国のハーバート・ウィリアム・ハインリッヒ（Herbert William Heinrich、1886-1962）が提唱した「ハインリッヒの法則（1：29：300の法則）」によれば、1件の重大事故の背後には、重大事故に至らなかった29件の軽微な事故が隠れており、さらにその背後には事故寸前だったいわゆるヒヤリハットの事象（ヒヤッとしたりハッとしたりする事象）が300件隠れているとされている（図表5-11）。言い換えれば、事故の背景には必ず原因があり、また数多くの前触れがあるということである。例えば、日本スポーツ振興センターによると[2)3)]、平成20年度から平成29年度までの10年間に、51人の保育中の死亡が報告されているが、

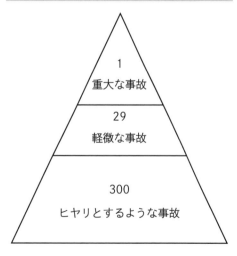

出典）服部右子・大森正英編『図解 子どもの保健Ⅰ』第2版　みらい　2017年　128頁より筆者作成

この事故の裏には1,479件の軽微な事故と15,300件のヒヤリハットが潜んでいるということになる。

近年、保育現場では重大な事故やけがの増加に伴って、安全管理についてのマニュアルが作成されている。しかし、この安全管理マニュアルが機能しなければ、子どもの安全は確保されない。

前述したハインリッヒの法則に基づいて、保育現場でも些細な「ヒヤリハット」事例や軽微な事故も必ず報告し、園全体（保護者も含めた関係者間）で共有して、再発防止策を考えることで不幸な重大事故を予防しなければならない。しかし、どんなに事故を防ぐ努力をしても、実際に事故を全く起こらないようにするのは難しい。そこで、もし突発的な事故でけがなどが発生した場合、子どもの身近にいる保育者などが迅速に応急処置をしなくてはならないため、様々な応急処置法について保育者自身が適切な処置を理解し、いつでも実行できるように毎年研修をしておく必要がある。

3. 応急処置について

3.1 打撲・捻挫・骨折・肉離れ

RICE処置（図表5-12）

RICEとは、Rest（安静）・Icing（冷却）・Compression（圧迫）・Elevation（挙上）の略称で、打撲・捻挫・骨折・肉離れなどのけがの対処方法のことである。RICEを実施することで、痛みや腫れを軽減することができる。

図表5-12　RICE処置

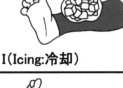

- **Rest（安静）**

けがをしているときに無理に動かしたりすると、痛み・腫れ・出血などの症状が悪化する場合がある。患部は保全し、安静につとめ、危険な場所以外では体も動かさないようにする。

- **Icing（冷却）**

ビニール袋やアイスバッグに氷を入れて患部を冷やすことにより、血管が収縮して痛み

を軽くし、内出血や炎症を抑える効果がある。

　患部を15〜20分冷却し、患部の感覚が無くなったらはずし、また痛みが出てきたら冷すことを24〜72時間程度繰り返す。冷やしすぎると凍傷になる恐れもあるので、患部に氷を直接あてるのではなく、タオルなどの上からあてるようにする。

　※ 冷湿布は消炎鎮痛の効果が主で、患部を深部まで冷却する効果は期待できない。

- Compression（圧迫）

　患部の内出血や腫脹を抑えるため、テープや包帯などで腫脹部位を中心に腫れのない部分まで巻き、圧迫を加える。強い圧迫は循環障害をきたすので注意する。

　※ 骨折や脱臼は、血管や神経を損傷する可能性があるので損傷部位は動かさず、副子（添え木）を当て患部を包帯などで固定する。副子は、医療用のシーネがよい。シーネがない場合は、腕であれば板や雑誌、段ボールなど、手や指であればボールペンや厚紙などでも対応ができる。

- Elevation（挙上）

　けがをしたところを、できるだけ心臓よりも高い位置に持ち上げる。そうすることで患部に血液が流れにくくなるため、内出血を防ぎ、痛みや腫れも抑えることができる。三角巾の代わりにタオルや服などを代用したり、枕やクッションなど、手ごろな高さのものの上に患部をのせたりして高くするとよい。

3.2　擦過傷（すり傷）

① 子どもを椅子に座らせて、こすらない程度に流水で傷を洗浄する。
② 洗浄後、ガーゼで残った泥や砂をできるだけ取り除く。
　砂などが取りきれない場合は病院で処置を受ける。
③ 清潔なガーゼで傷を軽く圧迫して止血する。
④ 傷パッドなどで傷をおおう（ティッシュペーパーなどは傷口にくっつくため使用しない方がよい）。

3.3　出血（止血法）

① 清潔なガーゼやハンカチで傷を強く圧迫して止血する。
　受傷部位を心臓より高い位置にあげる。
② 受傷部位を心臓より高くあげたまま、子どもを水平に寝かせる。

傷の圧迫を10分間続ける。
③ 清潔な傷パッドなどで傷をおおい、その上を包帯で固定する(直接圧迫法)。
※ 動脈からの出血など、直接圧迫法で効果がなく出血が多い場合は、傷口よりも心臓に近い部分を縛る間接圧迫法を用いたり、直接圧迫法と間接圧迫法を併用することもある。
④ 止血できたら、傷のある部位を持ち上げて包帯などで固定する。
※ 傷病者の血液により救助者への血液感染を防止するため、なるべく傷病者の血に触れないように、ビニール手袋(無ければビニール袋を代用)を間に挟んだりして行う。

3.4 鼻出血

鼻血は、鼻の入り口から1センチ奥にあるキーゼルバッハという部位から出血することが多い(図表5-13)。

① 子どもを座らせて頭を前に傾ける。
※ 出血している場所を心臓より高くすると止まりやすい。寝かせると胃内に血液が入り嘔吐の誘発に繋がる。
② 口呼吸をさせ、小鼻(鼻翼部)を外側から指で少し強めに10分間つまむ(冷たいタオルや氷嚢で鼻を冷やすとより止血しやすい)。
※ 鼻腔にティッシュペーパーを詰めると、取り出すときにかさぶたが剥がれてしまうため、行わない。頭の後ろを叩くのも間違った処置である。
③ 口の中にたまったものをはき出させる。
④ 出血が続くようであれば耳鼻科を受診する。

図表5-13　キーゼルバッハ

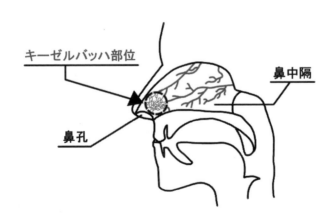

3.5　頭部外傷

① 打撲直後は枕を使用せず、頭を水平に保ち、静かなところに寝かせる。

※ 吐き気がある場合は顔を横に向けて寝かせる。たんこぶ（皮下血腫）ができた場合は、冷たい濡れタオルなどをあてて冷やす。出血がある場合はガーゼをあてて強く圧迫するなどの傷の手当を行う。また、落ちた高さ・打った強さ・落ちた地面の硬さ・頭のどこを打ったかなど事故の情報を集めるようにする。

② 意識はあるか、呼吸、脈拍はしっかりしているか観察する。

③ 意識がなく、呼吸状態の悪いときや反応のない時はすぐに救急車を呼び、心肺蘇生法を行う。

※ 受傷時に大声で泣き、その後機嫌も良く、頭痛や吐き気などの訴えがなければ、2、3日経過観察を行う。様子がおかしいようであれば、ただちに脳神経外科を受診させる。

3.6　熱中症

屋内外を問わず、高温多湿の中で大量の汗で体の水分や塩分が失われ、体温調節ができず、体内に熱が蓄積された状態のときに起こる。子どもは大人に比べて身体中で水分の占める割合が高く、体温調節も不十分なため、暑さに弱く熱中症になりやすい。

図表5-14　熱中症の応急処置

- **熱中症の予防**
  - こまめな水分補給〈薄い食塩水（500 ミリリットルの水に食塩 5 グラムを加えたもの）、または電解質などが含まれたイオン飲料などで水分・塩分の補給をする〉。
  - 通気性の良い涼しい服を着る。
  - 暑さに応じて衣類の着脱をする。
  - 外では帽子をかぶる。
  - こまめに日陰・屋内の涼しい場所で休憩する。

- **応急処置**

衣類を緩め、涼しいところに頭を低くした状態で安静にさせる。イオン飲料などを、こまめに少しずつ飲ませる。冷たい濡れタオルで拭く・風を送る・クーラーの効いた部屋に寝かせるなどする。また、濡れたタオルや保冷剤を頸部（首筋）や腋下（わきの下）、鼠径部（股の付け根）などの動脈に当てると、素早く体温を低下させることができる（図表 5-14）。意識障害や全身けいれんがある場合は、救急車を呼ぶなどして医療機関へ搬送する。

3.7　気道内異物

厚生労働省（2018）[6] によると「不慮の事故」の死因内訳について年齢層別にみると、0 歳では「窒息」が約 8 割を占めている（図表 5-2）。

日本小児呼吸器学会では、「小児の気道異物吸引事故に関する全国調査」を 2005～2006 年と 2014～2015 年に 2 回行い、それぞれ 165 例と 112 例の症例について分析した[7][8]。2 回目の調査では、気道異物吸引事故は 0～2 歳までの子どもが約 7 割を占め、約 3 分の 2 が男児であった。異物の種類は、0～3 歳では、ピーナッツや豆類（節分の豆など）、あめ玉、ミニトマトなど、固くてひとくちサイズで吸い込めるような食べ物が多かった。4 歳以降では、歯の詰め物や小さいおもちゃなど食物以外のものが多くなる。乳幼児が誤って餅やこんにゃくゼリーなどの食べ物をのどに詰まらせて窒息するという事故の報道があったように、乳幼児は与えられた食べ物が大きくても丸のみしようとする。その理由として、乳幼児では食べ物を口の中で噛んで小さくする奥歯の臼歯が生えそろっていないためである。臼歯が生えるのはおよそ 1 歳後半頃で、乳歯が生え揃うのは、2 歳から 3 歳頃である。のどに詰まらせやすいものは、直径 1～5 cm 程度の大きさで噛み切りにくく、ひとくちサイズで吸い込めるような食べ物である。

声が出せない、咳が出ない、顔色が急に真っ青になるなどの症状がみられたときは、気道閉塞が疑われるため、以下の方法で異物除去を行う。ただし、異物除去には咳をすることが最も有効なため、自分自身で咳ができるときはさせるようにする。

- **背部叩打法**(図表5-15A 乳児、C 幼児)

乳児は、片腕の前腕部に腹ばいにまたがせて、あごを手の平で支えつつ、頭部が体より低くなるような姿勢にする(図表5-15A)。もう一方の手で、背中の真中を平手で5回ほど強く叩く。

幼児は大腿部で腹部を支え、頭を低くする。左右の肩甲骨の真中を平手で5回ほど強く叩く(図表5-15C)。

- **胸部突き上げ法**(乳児)(図表5-15B)

片手で体を支え、手の平で後頭部をしっかり支える。

もう一方の手で、心肺蘇生法の胸部圧迫と同じ方法で5回ほど圧迫する。

効果がなければ背部叩打法に切り替える。

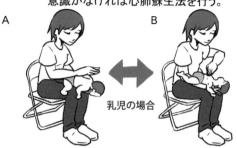

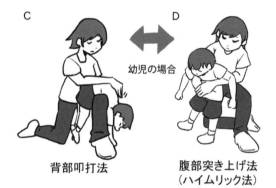

図表5-15 気道内異物除去法

- **腹部突き上げ法(ハイムリック法)**

　　(幼児)(図表5-15D)

幼児の背後から両腕を回し、子どものみぞおちの下で片方の手で握りこぶしをつくる。その握りこぶしを反対の手で包むようにして把持する。力強く両腕を絞り上げるように、素早く上の方に5回ほど押し上げ圧迫する。効果がなければ、背部叩打法に切り替える。

※乳児では腹部突き上げ法は内臓へのダメージが大きいため行わない。

POINT

異物が取れるか、救急隊員と交替するまで、乳児に対しては背部叩打法と胸部突き上げ法を繰り返し行う(図表5-15A、B)。幼児には、背部叩打法と腹部突き上げ法(ハイムリック法)を繰り返し行う(図表5-15C、D)。

3.8 消化管異物

ハイハイができるようになってくると、行動範囲が広がってくる。乳児は、興味のあるものは何でも口に入れてしまうため、子どもの手の届く場所に危険なものはないか、常に確認が必要である。

乳幼児の誤飲が疑われる時は、すぐに口の中を確認し、異物を指で取り除く。ただし、大きな声で叫んだりし、驚かせると、はずみで気管に吸い込んでしまうことがあるため、そっと声をかけて口の中を見るなどの配慮が必要である。

厚生労働省（2018）「2017年度 家庭用品等に係る健康被害 病院モニター報告」[9]によれば2017年度の小児の誤飲事故が多い物は、1位「たばこ」147件（23.0%）、2位「医薬品・医薬部外品」92件（14.4%）、3位「食品類」72件（11.3%）、4位「プラスチック製品」63件（9.8%）、5位「玩具」61件（9.5%）、6位「金属製品」27件（4.2%）、7位「電池」22件（3.4%）、8位「洗剤類」14件（2.2%）・「化粧品」14件（2.2%）、10位「文具類」12件（1.9%）となっている（図表5-16）。報告件数上位10品目については、順位に若干の変動はあるものの、たばこが2016年度に引続き第1位となっているほか、概ね毎年同様の品目によって占められている。

2017年度のたばこの誤飲内訳を誤飲した種別で見ると、未使用のたばこ91件（2016年度：103件）、たばこの吸い殻[注4] 41件（2016年度：33件）、たばこの溶液[注5] 5件（2016年度：8件）であった。年齢別には、例年、ハイハイやつかまり立ちを始める6〜11か月児に報告例が集中しており、147件中87件に上った。これに12〜17か月児46件を合わせると133件にも及んでいる。このように、たばこの誤飲事故の大半は、1歳前後の乳幼児

図表5-16 年度別・家庭用品等による小児の誤飲事故のべ報告件数と割合（上位10品目）

	2016年度			2017年度		
	家庭用品等	件数	%	家庭用品等	件数	%
1	たばこ	147	20.2	たばこ	147	23
2	医薬品・医薬部外品	108	14.8	医薬品・医薬部外品	92	14.4
3	プラスチック製品	72	9.9	食品類	72	11.3
4	食品類	61	8.4	プラスチック製品	63	9.8
5	玩具	52	7.1	玩具	61	9.5
6	金属製品	42	5.8	金属製品	27	4.2
7	硬貨	32	4.4	電池	22	3.4
8	洗剤類	29	4	洗剤類	14	2.2
9	電池	23	3.2	化粧品	14	2.2
10	文具類	18	2.5	文具類	12	1.9
	その他	144	19.8	その他	116	18.1

出典）厚生労働省「2017年度 家庭用品等に係る健康被害 病院モニター報告」2018年より筆者作成

注4 使用したたばこ。
注5 たばこの吸い殻が入った空き缶、空瓶等にたまっている液。

に集中して見られ、この期間に注意を払うことにより、たばこの誤飲事故は大幅に減らすことができる。そのため小児の保護者は、たばこ、灰皿等を小児の手の届く床の上やテーブルの上などに放置しないなど、その取扱いや置き場所に特に細心の注意を払う必要がある。また、自家用車内で、ペットボトル等を灰皿代わりにしたことによる誤飲も報告されているため、子どもが興味をそそる飲料水の空き缶やペットボトルなどを灰皿代わりにする行為も避けるべきである。かつ、公園で遊んでいて、砂場に捨ててあったたばこの吸い殻をなめていた事例も報告されており、保育者や保護者はもちろん、地域が一体となって人的・物的な環境整備を行うことが重要である。

次いで第2位の医薬品・医薬部外品の誤飲事故は、1位のたばこが6～17か月児に多く見られているのに対し、年齢層は幅広く、特に自ら蓋や包装を開けて薬を取り出せるようになる1～2歳未満児（39件）、2～3歳未満児（30件）にかけて多く見られていた。医薬品・医薬部外品は、形状や服用方法等が小児の注意を引きやすいため、保護者の注意が必要である。

誤飲の発生した時刻は、夕食後と思われる時間帯に高い傾向があった。本人または家族が使用し、放置されていたものを飲むこと、家族が口にしたのをまねて飲むこと等が考えられる。また、医薬品・医薬部外品の誤飲事故は、テーブルや棚の上に放置されていた等、適切に保管されていなかった場合はもちろんのこと、母親が使用しているカバン等を開けて誤飲する例もあり、保護者が誤飲対策をしていると認識している状況でも発生している。さらには服薬者の健康状態がよくないために、薬剤管理が不完全になっている場合も想定されるので、乳幼児のいる環境での医薬品の管理は十分な注意が必要である。また、乳幼児が簡単に開けられないチャイルドレジスタンス容器（CR容器）の採用は、誤飲を防ぐために有効であり、製薬会社においては積極的に取り入れてほしいものである（図表5-17）。

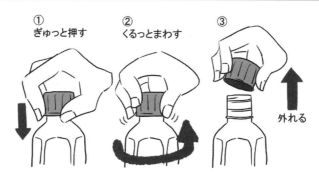

図表5-17　チャイルドレジスタンス容器（ＣＲ容器）

第3位の食品類の誤飲に関しては、乳幼児に食品を与える際は、必要な場合には細かく刻んで与えるなどの配慮が必要である。また、酒類の誤飲に関しては、ジュース等に類似した酒類も販売されているため、内容を確認し、保管方法も乳幼児の手の届かないところに置く必要がある。

　第4位のプラスチック製品の誤飲に関しては、プラスチック製包装材やラベル、フィルムが計57件と事例が多い。これらは菓子、食品の付属物等、及び衣類等の包装など日常生活で広く使用され、嫌な味がなく柔らかいので乳幼児がかじりやすいことも誤飲の機会が多くなる原因と思われる。保護者や保育者が気をつけるのはもちろんであるが、製品を作る企業側も、誤飲防止策として乳幼児が口に含んだ瞬間に苦味を感じ、吐き出させるような苦味成分をシールの粘着面に含ませたり、誤飲しても水に溶ける紙（溶解紙）や、水分・唾液で分解されるようなのりでそれらを作製するなどの対策も求められる。

　第5位の玩具の誤飲に関しては、年齢について見ると3〜5歳児が24件と多く、比較的高い年齢層で見られるのが特徴の1つである。（一社）日本玩具協会は、1971年（昭和46年）に、業界の自主的措置としてST基準・STマーク制度を立ち上げ、玩具安全の取組みを進めている。玩具のパッケージに記載されている「対象年齢」は、その玩具を適切に遊ぶことができる年齢という意味もあるが、当該年齢の子どもに必要な安全対策が施されていることを示すものとなっている。例えば「対象年齢3歳以上」と記載されている玩具は、3歳未満の乳幼児が誤飲の恐れがある「小さい部品」や「小さい球」が使われていることを警告している。保護者や保育者は誤飲リスクを考えて、年齢に応じた適切な大きさと素材の玩具を選ぶようにする必要がある。

　第6位の金属製品の誤飲に関しては、ISO玩具安全規格において、金属製アクセサリー玩具には鉛その他の有害元素の溶出量限度値を規定しているが、それ以外の金属製品には、鉛その他の有害元素の溶出量に係る基準はなく、保護者は、口の中に入る大きさや形状の金属製アクセサリー等を、乳幼児の目に付くところや手の届くところに置かないように注意する必要がある。

　第7位の電池の誤飲に関しては、ボタン型電池が多い。玩具等でボタン型電池を使用した製品が多数出回っているが、乳幼児がこれらの製品からボタン型電池を取り出し誤飲する事例が報告されている。保護者や保育者は、電池の出し入れ口の蓋が壊れていないか確認することが必要である。

　子どもを対象にした玩具では、（一社）日本玩具協会の玩具安全基準（ST基準）で、「ボタン型電池の蓋は、工具等を使用しないと容易に開かない構造でなければならない。」などの記載があり、STマークのある玩具については一定の安全性が担保されている。しかし、

家庭内には各用途に応じたリモコンや体温計、時計など、乳幼児の手の届くところには様々なボタン型電池が使われている商品があり、容易に蓋が開けられる構造となっているものも少なくない。保護者や保育者は誤飲リスクを考えて、それらのものを使う時は子ども一人では使わせないようにし、乳幼児の目に付くところや手の届くところに置かないように注意する必要がある。

第8位の洗剤類の誤飲に関しては、誤飲事故を起こした原因について見ると、洗剤類等を使用後、片付けずにそのまま放置することにより発生している。使用後は必ず蓋をしっかり閉めて、乳幼児の手の届かない置き場所に戻すよう習慣づけることが必要である。特に洗剤や漂白剤などを、日常飲食するコップと同じような形状のものを使用し乳幼児の手の届くところに放置すると、乳幼児が誤って飲食物だと思い口に入れてしまうことがあるので注意が必要である。

また近年、新たに販売された洗濯用パック型液体洗剤は、計量の必要がなく簡便という利点があるものの、乳幼児が洗濯用パック型液体洗剤のフィルムを握ったり噛んだり遊んでいるうちに破れて洗剤が口や目に入るなどの被害が、3歳以下の乳幼児に多く発生している。また、海外でも洗濯用パック型液体洗剤で、同じような事故が多数報告されている。洗濯用パック型液体洗剤を乳幼児の目に付くところや手の届くところに保管しないようにするのはもちろんのこと、洗濯用パック型液体洗剤のフィルムは水に溶けやすいため、保管時に濡らさないようにすることも大切である。

第9位の化粧品の誤飲に関しては、年齢について見ると、3歳児未満が12件と多く、比較的低い年齢層で見られるのが特徴の1つである。化粧品の原料には安全性の高いものが使われていると思われるが、ネイルカラーや除光液、脱毛剤、脱色剤などは粘膜に炎症を起こす恐れがある原料が含まれており大変危険である。

また乳幼児にとっては、色とりどりの化粧品は好奇心をくすぐる。化粧品容器の蓋が開いていたことにより、化粧品を口にする事例が報告されており、化粧品を乳幼児の目に付くところや手の届くところに置かないように注意する必要がある。

第10位の文具類の誤飲に関しては、特に色彩が鮮やかなクレヨンの誤飲が多くなっている。文具類は乳幼児の使用に配慮して低毒性の製品が多くあるが、有機溶剤含有の接着剤等、一部の製品には毒性の高いものもあったり、事務用クリップ、セロハンテープ、画鋲等の誤飲が疑われるケースが数例あり、使用の際には一緒に行ったり、乳幼児の目に付くところや手の届くところには置かないように注意したりする必要がある。

○誤飲時の対応（図表5-18）

①たばこの場合

　　たばこ1本は子どものニコチン中毒の致死量であり、たばこを吐かせるのは、ニコチン等の腸での吸収量を減らすことができる有効な処置である。舌の奥を下に押して嘔吐反射を引き出し吐かせるようにする。水や牛乳などを飲ませてしまうと、逆にニコチンが吸収されやすくなる可能性があり、症状の悪化に繋がることもある。

②家庭用医薬品の場合

　　水や牛乳などを飲ませてから、舌の奥を下に押して嘔吐反射を引き出し吐かせるようにする。その後、実物の薬とお薬手帳を持参し、医療機関で受診する。

③ガソリン・灯油・ベンジン・除光液などの揮発性物質の場合

　　揮発性物質の誤飲の場合は、吐かせると内容物が気管に入り、肺炎などを起こす可能性があるので、何も飲ませず吐かせず大至急医療機関を受診する。

④ナフタリン・パラジクロルベンゼンなどの衣類用防虫剤の場合

　　防虫剤は油脂との親和性が高く、油に溶けやすいので牛乳を飲ませると毒物の吸収を早めてしまう。そのため、水を飲ませた後、舌の奥を下に押して嘔吐反射を引き出し吐かせ、大至急医療機関を受診する。

⑤掃除用洗剤（トイレ用・漂白剤・パイプ用・換気扇用洗剤・カビ取り剤など）の強酸性・強アルカリ性洗剤の場合

　　胃粘膜保護のため牛乳や卵白を飲ませ、吐かせず大至急医療機関を受診する。無理に吐かせると、酸やアルカリの影響で、食道や口腔粘膜を痛める危険性がある。

⑥ボタン型電池の場合

　　ボタン型電池は、体内で消化管等に貼り付き、胃内で化学変化を起こし胃穿孔や胃潰瘍を引き起こす可能性がある。また、誤飲してから時間が経つと、消化管等に癒着してしまい、取り出せなくなってしまうこともあるため、誤飲したことが判明した際には大至急医療機関を受診する。日本小児外科学会によれば、全て使い切って放電してしまった電池で、かつ胃の中に落ちている場合のみ、自然に便と一緒に出るのを待ってもよいとされている。

⑦鋭利なもの〈ガラスの破片・針・画鋲・ヘアピン・ステープラス（ホッチキスの針など）〉の場合

　鋭利なものを誤飲した場合は、無理に吐かせると胃や食道などの臓器を傷つける可能性がある。何も飲ませず、吐かせず、大至急医療機関を受診する。

図表5-18　誤飲時の対応

飲んだもの	家庭での処置	吐かせる	その後
タバコ・灰皿の水など	何も飲ませない	○	直ちに医療機関へ
家庭用医薬品	水や牛乳を飲ませる	○	直ちに医療機関へ
揮発性物質（灯油・ガソリン・ベンジン・除光液など）	何も飲ませない	×	直ちに医療機関へ
衣類用防虫剤（ナフタリン・パラジクロルベンゼンなど）	水 (牛乳は×)	○	直ちに医療機関へ
強酸性や強アルカリ性洗剤（トイレ用・漂白剤・パイプ用・換気扇用洗剤・カビ取り剤など）	牛乳・卵白(なければ水)	×	直ちに医療機関へ
ボタン型電池	何も飲ませない	×	直ちに医療機関へ
鋭利なもの（ガラスの破片・針・画鋲・ヘアピン・ホッチキスの針など）	何も飲ませない	×	直ちに医療機関へ

出典）公益財団法人日本中毒情報センターホームページ資料より筆者作成
　　　https://www.j-poison-ic.jp/（2019年8月17日閲覧）

POINT

　事故が発生し対応方法に不安がある場合は、症状の有無に関わらず、速やかに医療機関や日本中毒情報センターに問い合わせて、情報提供を受けるようにする。
　※公益財団法人日本中毒情報センター
　　　大阪中毒110番(TEL：072-727-2499)　365日24時間
　　　つくば中毒110番(TEL：029-852-9999)　365日9時～21時

4. 心肺蘇生の方法とAEDの使用方法について

4.1 一次救命処置

　カーラーの救命曲線（Golden Hour Principle）によると、「心臓停止」から約3分、「呼吸停止」から約10分、「多量出血」から約30分経過すると死亡率は50％になるとされている[注6]（図表5-19）。

　総務省消防庁（2018）[10]によると、平成29年中の救急車による現場到着所要時間（入電から現場に到着するまでに要した時間）は、全国平均で8.6分となっている。心臓停止後、救急車が来るまでの間、何の処置もしなければ救命は難しいことが分かる。大切な命を救うためにも、こうした状況に置かれたとき、あわてずに、すばやく一次救命処置（BLS）を行うことが大切である。一次救命処置とは、病気や事故などによるけがで、心臓や呼吸が止まってしまった人を助けるために胸骨圧迫と人工呼吸からなる心肺蘇生法（CPR）を行ったり、AED（自動体外式除細動器）を使ったりする、緊急的に生命を維持する処置のことである（図表5-20）。

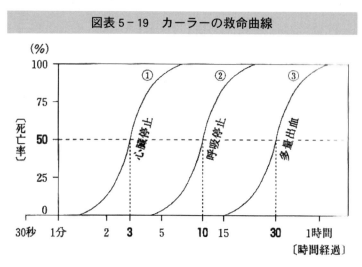

図表5-19　カーラーの救命曲線

出典）今井七重編『演習 子どもの保健Ⅱ』第6版　みらい　2017年　144頁

注6　カーラーの救命曲線の基準は脳の不可逆的停止に至るまでの時間から算出されている。
　「心臓停止」では、血液による脳へ送る酸素供給の停止となるので、心臓停止後3分で死亡率が50％となる。「呼吸停止」では心臓は動いているので脳への血液供給はされているが、呼吸による血液への酸素供給ができなくなるため、心臓停止より遅く10分で死亡率が50％となる。「多量出血」は心臓と呼吸が機能していることが前提であり、脳への血液を介しての酸素供給がある程度できるため、30分での死亡率を50％としている。ただし、出血量は考慮されていない。

第5章　安全管理と安全教育

図表 5−20　一次救命処置（BLS）の手順

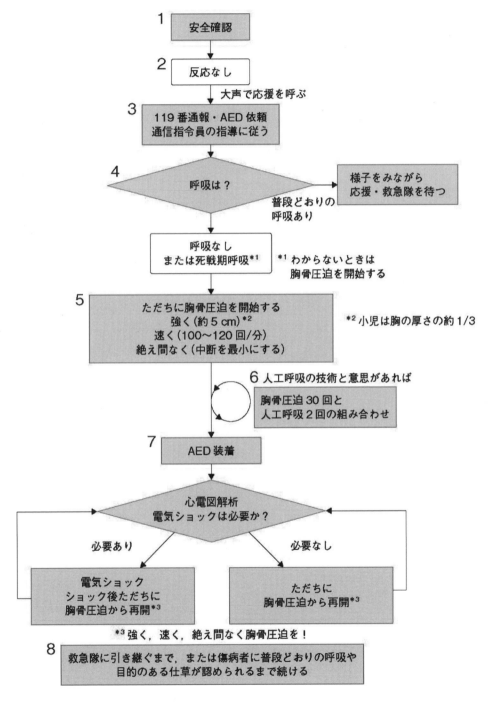

出典）一般社団法人 日本蘇生協議会監修 「JRC 蘇生ガイドライン 2015」オンライン版　2016 年　7 頁
https://www.japanresuscitationcouncil.org/wp−content/uploads/2016/04/1327fc7d4e9a5dcd73732eb04c159a7b.pdf（2019 年 8 月 23 日閲覧）

また先に図表 5-15 に示した、気道内異物除去法も一次救命処置に含まれる。

成人の場合、心筋梗塞をはじめとする循環器系によって心肺停止が生ずることが多いが、乳幼児の心停止の原因は窒息、溺水などの呼吸不全によるものが多く、心停止の前に呼吸停止や徐脈を発現すると考えられている。呼吸停止だけの状態で発見され、心停止に至る前に治療を開始された場合の蘇生率は 70％以上とされており、日頃から乳幼児と関わる保育者は、冷静に的確な処置が行えるように、心肺蘇生法や AED などの一次救命処置の講習会を毎年受講するのが望ましい。また、園内においては事故を想定し、職員間で連携が取れるように対策を講じておく必要がある。

4.2 心肺蘇生法

心肺蘇生法とは、呼吸が止まり心臓が動いていない人を救命するための処置である。

乳児などに対する心肺蘇生法のやり方は年齢によって異なる部分があるので、保育者は、確かな知識と技術を習得してほしい。日本蘇生協議会（JRC）が策定した「JRC 蘇生ガイドライン 2015 年版[11]」によれば、傷病者に反応がなく、呼吸がない場合やしゃくりあげるような途切れ途切れのあえぎ呼吸（死戦期呼吸）が認められる場合、また心停止かどうかの判断に自信が持てない場合なども心停止と判断し、ただちに胸骨圧迫を開始することとされている。以下に心肺蘇生法の手順を示す。

① 反応を確認する（周囲の安全を確認してから倒れている人に近づく）
　乳児：声かけを実施し、足裏を刺激し、反応を確認する。
　幼児：声かけを実施し、軽く肩を叩き、意識の有無を確認する。（成人と同じ）

② 助けを呼ぶ
　　反応がなかったり鈍い場合は、まず協力者を求め、119 番通報と AED（自動体外式除細動器）の手配を依頼する。
　　協力者が誰もいない場合、心肺蘇生法を始める前にまず自分で 119 番通報と AED の手配を行う。この場合、AED を取りに行くために傷病者から離れてよいのか心配になるが、すぐ近くに AED があることがわかっていれば、AED を取りに行く。

③ 呼吸を確認する
　　傷病者の口・鼻に耳を近づけて呼吸音を聞きつつ、胸部と腹部の動きを観察し呼吸の有無を 10 秒以内に確認する（呼吸の観察には 10 秒以上かけないようにする）。

第5章　安全管理と安全教育

約10秒確認しても傷病者に反応がなく、呼吸がない場合やしゃくりあげるような途切れ途切れのあえぎ呼吸（死戦期呼吸）が認められる場合、また心停止かどうかの判断に自信が持てない場合なども心停止と判断し、ただちに胸骨圧迫（心臓マッサージ）に移る。

※十分な呼吸が感じられるならば、呼吸がしやすく吐物で窒息しないように、回復体位にする（図表5-21）。

④ 胸骨圧迫を30回行う

手順は、成人と基本的に同じである。

乳児・小児（1歳以上15歳未満）とも1分間に100～120回のテンポで圧迫する。圧迫の位置は、小児は胸骨の下半分（胸の真ん中）を、乳児では左右の乳頭を結ぶ線の指1本分下の部位を圧迫する。圧迫の強さ（深さ）は、乳児・小児とも胸の厚みの1/3を目安として、十分に沈み込む程度に、強く、速く、絶え間なく（中断を最小に）圧迫する。

圧迫の方法は、小児の体格に合わせて十分圧迫できるのであれば、両手でも片手でもよい。乳児では2本指（中指・薬指）で圧迫する（図表5-22）。

⑤ 気道を確保する

片手を額に当て、もう片方の手を人差し指と中指（乳児は人差し指1本）を顎先に

図表5-21　回復体位

回復体位

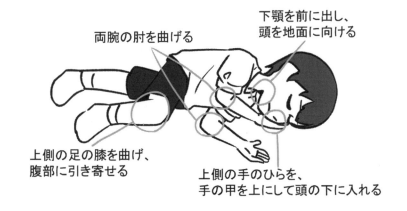

当てて軽く上げる。または片手を額に当て、もう片方の手を首の下に入れ頭をそらせる。

⑥ 人工呼吸を2回行う

　呼吸がなければ、マウス・ツー・マウス法により鼻をつまみ、息を吹き込む。乳児の場合は、口と鼻をまとめて覆い、息を吹き込む。

　成人・小児とも、1回1秒ほどで、胸が軽く上がる程度に吹き込む。特に未就学児は肺活量が少ないので吹き込みすぎないように注意する。1回目のあとは一度口を離し、同様に2回目を行う。

⑦ 胸骨圧迫(④)と人工呼吸(⑥)を継続する

　救急車到着までの間、胸骨圧迫30回と人工呼吸2回を継続する。AEDが到着したら迅速にAEDを使用する。

図表5-22　胸骨圧迫

乳児の場合

両乳頭部を結ぶ線の少し足側を目安とする胸の真ん中を、2本指で押す。

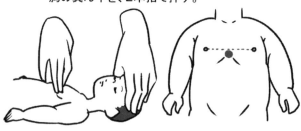

小児(1歳以上15歳未満)の場合

体格が大きければ、成人同様に両腕で胸骨圧迫を行ってもよい

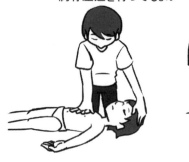

4.3 AED（自動体外式除細動器）

　AED（自動体外式除細動器）とは、心臓の筋肉がけいれん状態になり、血液を流すポンプ機能を失った状態（心室細動）になった心臓に対して、電気ショックを与え、正常なリズムに戻すための医療機器である。AEDは音声で指示を出してくれるが、その指示に従って行動できるようにAEDの講習会に参加しておくことが大切である。

　またAEDには、小児用パッドが入っているものや、本体に小児用モードがあり、成人用パッドを使用して、モードを小児用に切り替えて使用するものがある。小児用パッドや小児用モードは、電気ショック時に供給されるエネルギー量を成人の1/3〜1/4程度に減衰させるものである。

図表5-23　小児用電極パッドを貼り付ける位置

　乳児に対しても未就学児と同様に使用することができる。ただし、乳児は体が小さいため、成人用パッドや小児用パッドを使用する際には体の前後に貼るなど2枚のパッド同士が接触しないよう工夫が必要である（図表5-23）。

　以下にAEDの使用方法の手順を示す。

① スイッチON

　　AEDが到着したらすぐに電源を入れる。機種によっては、AEDの蓋をあけると自動で電源が入るものもある。どのAEDも音声と点滅ランプで指示を出してくれるので、落ち着いてその指示に従って行動する。

② 電極パッドを貼る

　　傷病者の衣類を取り除き、胸をはだける。（前胸部が濡れていたら、乾いた布で水分をよく拭き取る。未就学児（0歳〜およそ6歳）は小児用電極パッドを使うことが望ましいが、無い場合は成人用を用いる。パッド同士が重なり合う場合は、2枚のパッドで心臓を挟むように貼る。湿布や貼り薬が電極パッドを貼る場所にあれば、取り除く。電極パッドを貼る間もできるだけ胸骨圧迫を続けるほうがよい。

③ 心電図の解析・評価

　　心電図の解析が始まり、その後は音声に従い実施する。

④ 電気ショック

◯「電気ショックが必要」の指示が出たら

　　電気ショック実施時は、傷病者の身体に触れないように声を掛ける。

　　感電予防のため、心肺蘇生は一旦中止し、傷病者から離れる。

　　「電気ショックが必要です」のアナウンスの後「ショックボタンを押してください」との電気ショックを促すメッセージが流れたら、ショックボタンを押して電気ショックを行う。電気ショック実施後は、ただちに胸骨圧迫から心肺蘇生を再開する。

◯「ショック不要」の指示が出たら

　　AEDの音声メッセージが「ショックは不要です」の場合であっても、意識が無い場合はただちに胸骨圧迫から心肺蘇生を再開する。

　　<u>「ショックは不要です」のアナウンスは、心肺蘇生が不要だという意味ではない。</u>心臓がけいれんしている場合には、「電気ショックが必要です」と除細動の必要性を音声ガイダンスで促すが、心臓が正常な状態や、<u>完全に動きが止まっている場合</u>は適応外と判断し、「電気ショックは不要です」と音声ガイダンスで案内するようになっている。

※ AEDは2分ごとに心電図の解析・評価を繰り返し行うので、救急隊員など医療従事者に引き継ぐまではAEDの電極パッドはつけたまま音声指示に従い対応する。

POINT

電極パッドの貼り方

　重要なことは、2つの電極パッドが心臓を挟んでいることである。

　電極パッドにはどこに貼るか、電極パッドに絵が描かれているものが多いが、間違って反対の位置に貼ってもAEDは正しく実行される。この場合は心電図が反転するが、それによって心電図を正しく測定できないというわけではない。

　また電極パッドを貼り付ける場所でなければ、貴金属やアクセサリーは外したりする必要はないとされている。

JRC蘇生ガイドライン2015

　JRC蘇生ガイドラインは日本蘇生協議会（JRC）が作成し、5年ごとに、2005年版、2010年版、2015年版と更新されている。今現在は2015年版が最新のものとなる。この「JRC蘇生ガイドライン」に沿って、各自治体の消防本部や日本赤十字社が行う救命講習の内容が作成される（図表5-24）。

図表5-24　AEDと心肺蘇生 年齢別対応表[注7]

年齢区分 （目安の年齢）	成　人 （およそ15歳以上）	小　児 （およそ1歳以上15歳未満）	乳　児 （1歳未満）
通　報	反応がないと判断した場合、または反応があるかどうかに迷った場合には、直ちに大声で助けを求め、119番通報とAEDの手配をする。		
心停止の判断	普段どおりの呼吸が見られない場合、または心停止の判断に迷った場合（10秒以内で確認）。		
胸骨圧迫　位置	胸骨の下半分（目安として胸の真ん中）		左右の乳頭を結ぶ線の少し足側
胸骨圧迫　方法	両手	両手、または片手	指2本
胸骨圧迫　深さ	5cm以上（ただし6cmを超えない。）	胸の厚さの約3分の1	
胸骨圧迫　速さ	毎分100~120回		
人工呼吸	約1秒かけて、2回吹き込む（入っても入らなくても1秒以内）		
胸骨圧迫と人工呼吸の組み合わせ	1人法、2人法とも30：2	1人法　30：2 2人法　15：2	
AEDパッド	成人用パッド	未就学児（0歳～およそ6歳）：小児用パッド 就学児：成人用パッドもしくは小児モード ※小児用パッドがない場合、成人用パッドの代用可能	小児用パッドもしくは小児モード ※小児用パッドがない場合、成人用パッドの代用可能

出典）一般社団法人日本蘇生協議会監修　「JRC蘇生ガイドライン2015」オンライン版　2016年より筆者作成
　　　https://www.japanresuscitationcouncil.org/jrc蘇生ガイドライン2015/（2019年8月23日閲覧）

注7　このガイドラインは2005年版、2010年版、2015年版と5年毎に更新されている。

5. 感染症の知識と対応について

5.1 感染経路について

　感染症とは、病原体が体に侵入して、症状が出る病気のことをいう。病原体は大きさや構造によって細菌、ウイルス、真菌、寄生虫などに分類される。病原体が体に侵入しても、症状が現われる場合と現われない場合とがある。この現われない期間を「潜伏期間」というが、病原体によって異なるため、乳幼児がかかりやすい感染症の潜伏期間を知っておく必要がある。また、乳幼児期には病気に対する抵抗力が弱いため、さまざまな感染症にかかる可能性がある。しかし、子どもは感染していくことで免疫力を強化し、成長していく。

　ウイルスや細菌に感染するまでには、さまざまな感染経路がある。代表的な感染症の感染経路は、主に「飛沫感染」「経口感染」「接触感染」「空気感染」の4つである。飛沫感染は、感染している人の咳やくしゃみ、会話などによって飛んだ病原体を吸収することによって感染する。効果的な予防方法としては、「マスクの着用」が挙げられる。また、「流水・石けんによる手洗い」も併せて行いたい。

　経口感染は、病原体に汚染された食物や水分の経口摂取によって感染する。効果的な予防方法は「流水・石けんによる手洗い」である。

　接触感染には、皮膚や粘膜の直接接触による感染や、タオルなどの物を介しての間接接触によって病原体が付着する感染がある。効果的な予防方法は「流水・石けんによる手洗い」である。

　空気感染は、空気中に浮遊する病原体を吸収することによって感染する。効果的な予防方法として、「ワクチン接種」や「室内の換気」が挙げられる。また、「流水・石けんによる手洗い」も併せて行いたい。

　学校保健安全法施行規則第18条に定められた「学校において予防すべき感染症」には第一種から第三種まである。その中で、第二種は主に飛沫感染する感染症で、子どもたちの感染が多く、学校において流行を広げる可能性の高いものが分類されている。それらについては、「5.3項　第二種感染症について」で詳しく述べる。

飛沫感染と空気感染(飛沫核感染)の違い

　咳やくしゃみをすると口から細かい水滴が飛び散るが、病気の原因となる細菌やウイルスが含まれていた場合、これを吸い込むことで感染するものが飛沫感染である。例えば、インフルエンザ・流行性耳下腺炎(おたふくかぜ)は、飛沫感染である。

　飛沫は水分を含んだ直径が5マイクロメートルより大きい粒子であり、唾液であれば重さですぐに落下する。相手が吸い込める距離は通常1〜2メートルほどである。

　空気感染は別名、飛沫核感染という。飛沫核とは、飛沫の水分が蒸発した直径が5マイクロメートルより小さい粒子である。これを吸いこむことで感染するのが空気感染(飛沫核感染)である。飛沫は水分を含んでいるため重さがあり、体内から放出された後、すぐに地面に落ちてしまうが、飛沫核は水分が無いぶん、長い時間、空気中に浮遊する。例えば、結核や麻疹(はしか)、水痘(水ぼうそう)は空気感染することが知られている。

　保育室はもちろん、電車のような狭い空間においても、飛沫感染は感染者の半径1〜2メートル程度の人が感染する危険性があるのに対して、空気感染ではその空間にいる全ての人が感染する危険性がある。

　飛沫感染や空気感染(飛沫核感染)の拡大を予防する方法として、「咳エチケット」が挙げられる。咳エチケットは、口から飛び出す飛沫や飛沫核の数を減らすために咳やくしゃみが出るときにはマスクをしたり、ハンカチやティッシュ・袖などで押さえたりすることである。かつ日常から手洗い・うがいなどをきちんと行うことも大切である。園内での空気感染の予防策としては、部屋の換気も重要になってくる。

　園で感染症が流行してしまったときは、保育者自身が感染を予防するためにマスク

図表5-25　飛沫感染と空気感染(飛沫核感染)の違い

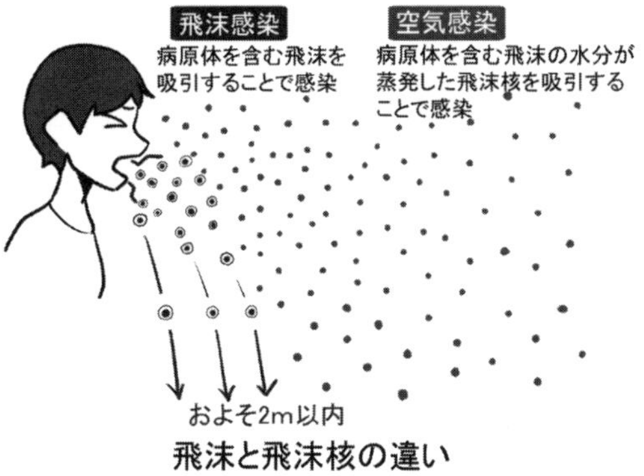

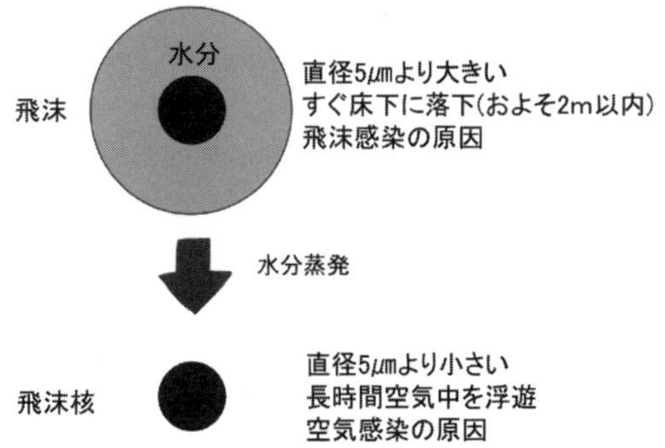

の着用などの対応も必要である。インフルエンザなどの飛沫感染予防ではサージカルマスク（不織布の使い捨てマスク）でよいが、結核や麻疹、水痘などの予防は極めて難しく、予防接種（ワクチン接種）や顔面との隙間のないN95マスクの使用などが必要である。

5.2　学校感染症と出席停止期間

　学校保健安全法の施行規則で決められている学校感染症の出席停止期間の基準だが、特に、第二種の感染症については、それぞれの疾病に応じた出席停止の期間の基準が設定されている（図表5-26）。しかし、これはあくまで不特定多数の子どもが集まる学校という場の特殊性を踏まえての、感染症を拡大させないための基準であるので、下記に示した「出席停止の期間の基準 ○第二種」の通り、医師の診断に委ねられている。

出席停止の期間の基準

○ 第一種

第一種の感染症にかかつた者については、治癒するまで。（規則第19条第1号）

○ 第二種

それぞれ定められた出席停止期間。ただし、病状により、学校医その他の医師において感染の恐れがないと認めたときはその限りではない。（規則第19条第2号）

○ 第三種及び結核

病状により学校医その他の医師において感染のおそれがないと認めるまで。（規則第19条第3号）

図表5-26　学校感染症と出席停止の基準

第一種	エボラ出血熱 クリミア・コンゴ出血熱 痘そう 南米出血熱 ペスト マールブルグ病 ラッサ熱 急性灰白髄炎 ジフテリア	治癒するまで

	感染症	出席停止の期間の基準
第一種	重症急性呼吸器症候群（病原体がコロナウイルス属 SARS コロナウイルスであるものに限る。） 鳥インフルエンザ（病原体がインフルエンザウイルス A 属インフルエンザ A ウイルスであつてその血清亜型が H 五 N 一であるものに限る。次号及び第十九条第一項第二号イにおいて「鳥インフルエンザ(H 五 N 一)」という。）	
第二種	インフルエンザ（鳥インフルエンザ(H 五 N 一)を除く。）	インフルエンザ（鳥インフルエンザ(H 五 N 一)及び新型インフルエンザ等感染症を除く。）にあつては、発症した後五日を経過し、かつ、解熱した後二日（幼児にあつては、三日）を経過するまで。
	百日咳	特有の咳が消失するまで又は五日間の適正な抗菌性物質製剤による治療が終了するまで。
	麻しん	解熱した後三日を経過するまで。
	流行性耳下腺炎(おたふくかぜ)	耳下腺、顎下腺又は舌下腺の腫脹が発現した後五日を経過し、かつ、全身状態が良好になるまで。
	風しん	発しんが消失するまで。
	水痘	すべての発しんが痂皮化するまで。
	咽頭結膜熱	主要症状が消退した後二日を経過するまで。
	結核	病状により学校医その他の医師において感染のおそれがないと認めるまで。
	髄膜炎菌性髄膜炎	病状により学校医その他の医師において感染のおそれがないと認めるまで。
第三種	コレラ 細菌性赤痢 腸管出血性大腸菌感染症、腸チフス パラチフス 流行性角結膜炎 急性出血性結膜炎 その他の感染症	病状により学校医その他の医師において感染のおそれがないと認めるまで。

5.3 第二種感染症について

・麻疹(はしか)(図表5-27)

感染経路:空気感染・飛沫感染・接触感染
原因:麻疹ウイルス
潜伏期間:8〜12日前後

毎年春から初夏にかけて流行が見られる。免疫を持っていない人が感染するとほぼ発症し、一度感染して発症すると一生免疫が持続するといわれている。発症年齢は2歳以下で、約半数を占める。症状は、カタル期(前駆期)、発疹期、回復期とあり、感染後の経過に伴って症状が変わってくる。また麻疹は肺炎、中耳炎、脳炎などの合併症を起こす可能性があり注意が必要である。合併症を併発しなければ、発症から回復まで7〜10日程度である。

1) カタル期(前駆期):初めの2〜3日間、38度以上の高熱、咳、鼻水など「かぜ」に似た症状が続く。
この頃、口腔内の頬部粘膜の臼歯の対面に、コプリック斑と呼ばれる粟粒大(約1mm)の白色小斑点が出現する。

2) 発疹期:一旦熱が下がるが(1度程度)4日目くらいから再び39度以上の高熱とともに(二峰性発熱)、赤い発疹が耳後部、頸部(首)、前額部(おでこ)から出始め、次第に顔面、体幹部、上腕、その後四肢末端にまでおよぶ。7日目に症状のピークを迎える。また、口腔内のコプリック斑は赤い発疹が出現後2日目の終わりまでに急速に消失する。

3) 回復期:解熱とともに症状は軽くなるが、咳のみ数日続き、発疹は黒ずんだ色素沈着をしばらく残す。

・風疹(図表5-28)

感染経路:飛沫感染・接触感染
原因:風疹ウイルス
潜伏期間:16〜18日

風疹は、はしか（麻疹）によく似ているが、その症状は軽く、発疹や発熱は3日ほどで治るので、「三日ばしか」ともよばれている。

風疹は、はしかの軽症型ではなく、風疹ウイルスの飛沫感染などによって発病する、はしかとは違う別の病気である。流行は春先から初夏にかけて多くみられる。

主な症状として38度くらいの発熱とともに淡い紅色の発疹が全身に現れ、耳介後部（耳たぶの後ろ）や後頭部、頸部リンパ節の腫れが認められる。

図表5-28　風疹

大人がかかると、発熱や発疹の期間が子どもに比べて長く、関節痛がひどいことが多いとされており、また妊娠前半期の妊婦が感染すると胎児にも感染し、心臓（先天性心疾患）や、耳（難聴）、目（白内障、網膜症）などに病気をもった先天性風疹症候群の子どもが生まれる危険性がある。

- 水痘（水ぼうそう）（図表5-29）

感染経路：空気感染・飛沫感染・接触感染
原因：水痘・帯状疱疹ウイルス（ヘルペスウイルス）
潜伏期間：14～16日

水痘とは、いわゆる「みずぼうそう」のことで、水痘・帯状疱疹ウイルスというウイルスによって引き起こされる発疹性の病気である。発熱とともに赤い発疹が口の中、顔、体に現れ、水疱（みずぶくれ）、膿疱（粘度のある液体が含まれる水疱）を経て痂皮化（かさぶたになること）して治癒するとされる。最初に頭皮発疹が、次いで体幹から四肢へと全身にひろがりかゆみを伴う。数日にわたり新しい発疹が次々と出現するので、色々な段階の発疹が全身に混在するのが特徴である。感染力が強く、9歳以下での発症が90％以上を占めると言

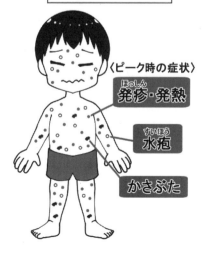

図表5-29　水痘

われており（特に 5 歳以下の子どもの発症が多い）、保育所や幼稚園で流行しやすかったため、平成 26 年 10 月 1 日より、任意接種から定期予防接種に移行された。接種対象者は生後 12 か月から 36 か月に至るまでの間にある者（1 歳の誕生日の前日から 3 歳の誕生日の前日まで）で公費（無料）で接種することができるようになっている。

　妊娠早期に水痘に感染すると流産の危険性があり、中期以降に罹患すると生まれてくる赤ちゃんが先天性水痘症候群（CVS）[注8]という重症な病気になることがある。

- **流行性耳下腺炎（おたふくかぜ・ムンプス）**（図表 5 − 30）
  感染経路：飛沫感染・接触感染
  原因：ムンプスウイルス（おたふくかぜウイルス）
  潜伏期間：16 〜 18 日

　片側あるいは両側の唾液腺、特に耳下腺の腫脹を特徴とするウイルス感染症である（あごの下の顎下腺が腫れることもある）。耳下腺腫脹は発症後 1 〜 3 日でピークとなり、通常 7 〜 10 日で腫れは引いて回復する。なお、感染しても症状が現れないこともある。発熱は 3 〜 4 日で落ち着き、頭痛、倦怠感、食欲低下、筋肉痛、頸部痛を伴うこともある。

　最も多い合併症は髄膜（脳および脊髄を覆う膜）に炎症を起こす髄膜炎である。その他、髄膜脳炎、睾丸炎、卵巣炎、難聴、膵炎などを起こすこともある。

図表 5 − 30　流行性耳下腺炎

- **咽頭結膜熱（プール熱）**（図表 5 − 31）
  感染経路：飛沫感染・接触感染
  原因：アデノウイルス

注 8　感覚神経の異常（皮膚症状：皮膚の瘢痕、色素脱出）、視覚原器の障害（小眼球症、網脈絡膜炎、視神経萎縮）、頸髄と腰仙髄の障害（四肢の低形成、指趾の無形成、運動・知覚障害、深部腱反射の消失、瞳孔不同、Horner 症候群、肛門括約筋・膀胱括約筋の機能障害）、中枢神経系障害（小頭症、水頭症、脳内石灰化）、低出生体重児、体重増加不良など。

潜伏期間：2〜14日

プールに伴う活動で人から人へ流行が拡大することが多いので、プール熱とも呼ばれている。プールの残留塩素濃度（0.4 mg/l 以上に維持することが対策となる）が不十分なプールに入ることで結膜への直接侵入による感染が起こると考えられている。また飛沫感染やタオルの共用、手指を介した接触感染によって結膜あるいは上気道からの感染もある。

高熱が4〜5日続き、咽頭炎（のどの痛み）、結膜炎（目の充血）の症状から、「咽頭結膜熱」と呼ばれている。症状回復後も便からウイルスが30日程度排泄されるので、おむつ交換の後は、しっかりと手洗い・手指消毒を行い、二次感染の予防に努めるようにする。

図表5-31　咽頭結膜熱（プール熱）

・インフルエンザ（図表5-32）
感染経路：飛沫感染・接触感染
原因：インフルエンザウイルスA、B型など
潜伏期間：1〜4日

インフルエンザウイルスにはA型、B型、C型があり、人に感染するのは主にA型とB型で、A型は人や豚、鳥などの哺乳類や鳥類などに共通感染する。一方、B型の流行が確認されているのは人と人の間でのみの感染である。B型が小さな流行になるのに対し、A型は、ウイルスがどんどん変異して新型のウイルスができることで、それまでに獲得した免疫が機能しにくくなり、ワクチンの予測が立てにくいので大きな流行となる[注9]。

典型的な症状は突然の高熱が3〜4日続き、咳やのどの痛み、鼻水などの呼吸器の症状だけでなく、全身倦怠感（全身のだるさ）、頭痛や関節痛など呼吸器以外の症状を伴う全身疾患である。

注9　A型は今までに1918年のスペイン風邪（A/H1N1）、1957年のアジア風邪（A/H2N2）、1968年の香港風邪（A/H3N2）など、人や家畜への流行により多大な人的・経済的損失をおよぼしている。

合併症として、肺炎、中耳炎、気管支炎、熱性けいれん、まれにインフルエンザ脳症（急性脳症）や重症肺炎など重大な合併症を伴うこともある。

インフルエンザ対策としては外出後の手洗い・うがい、加湿器などを使って適度な湿度の保持と適宜の換気、体の抵抗力を高めるために十分な休養とバランスのとれた食事、流行時には人混みや繁華街への外出を控えることなどが必要である。

学校保健安全法施行規則第19条において、インフルエンザ（特定鳥インフルエンザ及び新型インフルエンザ等感染症を除く）に罹患した場合、学校や園への出席停止の期間の目安は「発症した後5日を経過し、かつ、解熱した後2日（幼児にあっては、3日）を経過するまで」（ただし、病状により学校医その他の医師において感染のおそれがないと認めたときは、この限りではない）となっており、保育者や保護者は集団感染を防ぐためにも、登園可能日などをしっかり理解しておかなければならない。また保育者は、子どもたちの健康状態に気を配るのはもちろんだが、子どもたちと触れ合ったり、抱っこしたりする機会が多い職種であるため、保育者自身も毎年インフルエンザの予防接種や健康管理を行う必要がある。

図表5-32　インフルエンザ

インフルエンザの症状

- **百日咳**（図表5-33）

感染経路：飛沫感染・接触感染
原因：百日咳菌
潜伏期間：7〜10日

百日咳はその名のとおり、咳などの症状が長引くのが特徴である。

いずれの年齢でもかかるが、年齢が低いほど重症化しやすく、死亡者の大半を占めるのは1歳未満の乳児、特に生後6か月未満の乳児である。

百日咳の臨床経過は、その特徴からカタル期、痙咳期、回復期の3期に分けられる。

1）カタル期：最初は風邪と同じ症状（鼻水、くしゃみ、微熱）で始まり、次第に咳が強

くなり、また連続して咳の回数が増える。
2) 痙咳期（約2～3週間持続）：次第に特徴あるけいれん性の咳（痙咳）になる。これは短い咳が連続的に起こり、続いて、息を吸う時に笛の音のようなヒューという吸気性笛声（レプリーゼ）が生じる。また、咳の発作は特に夜間に多く、激しい咳発作のため、しばしば嘔吐を伴う。
3) 回復期：激しい咳の発作は次第に軽減し、症状はなくなっていくが、時折発作性の咳が出る。全経過約2～3か月で回復する。

図表5-33　百日咳

- **結核**（図表5-34）

感染経路：飛沫感染・空気感染（経口感染、接触感染、経胎盤感染の場合もある）
原因：結核菌
潜伏期間：感染後2年以内、特に6か月以内に発病することが多い。
　　　　　初期結核後、数十年後に症状が出現することもある（小児ではやや短い）。

図表5-34　結核

子どもの結核は、家庭内、幼稚園・保育所などの集団生活の中に感染源がある場合が多い。結核を発病した初期の症状は、咳・痰、発熱など風邪と同じような症状がでる。症状が続くと、胸痛、血痰、体重減少、倦怠感、食欲不振などが現れる。

　肺以外の臓器に結核菌が広がると粟粒(ぞくりゅう)結核となる。粟粒結核とは、肺結核の病巣から結核菌が血液の流れによって運ばれ、2つ以上の臓器に病変が生じた結核をいう。その中でも血流の多い臓器の肝臓や脾臓、骨髄、脳、腎臓に病変が生ずることが多いとされる。また脳を包んでいる髄膜に結核菌が入り込むと結核性髄膜炎になり、頭痛、発熱、嘔吐、けいれん、意識障害などを生じることもある。

　結核の診断にはツベルクリン反応検査、細菌学的検査（塗抹(とまつ)検査・培養検査・遺伝子検査）、画像検査（レントゲン検査やCT検査）、血液検査などがある。

　予防については、重症化しやすい乳児の結核を予防するために、BCGワクチンの接種を1歳までに「受けるようにつとめなければならない」（予防接種法）とされている。BCGワクチンの予防接種は「定期接種」として公費によって無料とされている。

● **髄膜炎菌性髄膜炎**（図表5-35）
感染経路：飛沫感染・接触感染
原因：髄膜炎菌
潜伏期間：4日以内

　集団発生が起こることがあるため、流行性髄膜炎と呼ばれることもある。アフリカを中心として欧州、南北アメリカ、アジアの世界中で流行が見られ、致死率が高いことも知られている。発熱、頭痛、意識障害、嘔吐などの症状の特徴が見られる。さらに、けいれんや意識レベルの低下、血圧の低下などの重篤な症状が現れることもあり、命に関わることもある。有効な治療を開始して24時間経過するまでは感染源となる。

図表5-35　髄膜炎菌性髄膜炎

参考文献

【第1章】
1) 文部科学省『幼稚園教育要領解説』フレーベル館 2018
2) 厚生労働省『保育所保育指針解説』フレーベル館 2018
3) 内閣府 文部科学省 厚生労働省『幼保連携型認定こども園教育・保育要領解説』フレーベル館 2018
4) 文部科学省 前掲1)
5) 文部科学省『幼稚園教育要領解説』フレーベル館 2008

【第2章】
1) 日本小児保健協会編『DENVER Ⅱ デンバー発達制定法』第2版2刷 日本小児医事出版社 2016
2) 厚生労働省雇用均等・児童家庭局「平成22年乳幼児身体発育調査報告書」2011

【第3章】
1) 小野剛『世界に通用するプレーヤー育成のためのクリエイティブサッカー・コーチング』大修館書店 1998
2) 文部科学省「体力向上の基礎を培うための幼児期における実践活動のあり方に関する調査研究報告書」2011
3) 文部科学省「平成26年度全国体力・運動能力、運動習慣等調査結果報告書」2014
4) 森司朗・杉原隆・吉田伊津美・筒井清次郎・鈴木康弘・中本浩揮・近藤充夫「2008年の全国調査からみた幼児の運動能力」『体育の科学』60 (1) 2010 pp.56-66
5) 幼児期運動指針策定委員会「幼児期運動指針」文部科学省 2012
6) 国立幼稚園園長会 幼児の生活リズムを整え、体力向上を目指すプログラムに関する調査研究報告書Ⅰ「もっと体を動かそう 親子で一緒に楽しもう」特別事業委員会研究報告書 2008
7) 日本小児保健協会平成22年度幼児健康度調査委員会「平成22年度幼児健康度調査速報版」『小児保健研究』70 2011 pp.448-457
8) 村田光範・内山聖・岡田知雄他「幼児の日常生活の行動に関する研究（分担研究：効果的な運動及び体力向上の方策に関する研究）」平成9年度厚生労働省心身障害研究「小児期からの総合的な健康づくりに関する研究」研究報告書 1998 pp.8-14
9) 小川博久編『4～5歳児の遊びが育つ』フレーベル館 1990
10) 小川博久『保育援助論』萌林館 2010
11) 前橋明・石垣恵美子「幼児期の健康管理 ― 保育園内生活時の幼児の活動内容と歩数の実態 ― 」『聖和大学論集』1998 p.29
12) 柳田信也「幼稚園教師の運動遊びに関する指導理念の調査研究」国際学院埼玉短期大学研究紀要 (29) 2008 pp.21-26
13) 国土交通省「都市公園及びその他の公園における遊戯施設等の設置状況」2013
14) スポーツ庁「平成30年度全国体力・運動能力、運動習慣等調査結果について」2018
15) 橋本妙子「幼児の固定遊具遊び：鉄棒，登り棒，雲梯遊びの観察および運動成就率」『横浜女子短期大学研究紀要』1999 pp.67-76
16) 文部科学省「小学校体育（運動領域）まるわかりハンドブック」(低学年) 2011
17) 教育機器編集委員会編『産業教育機器システム便覧』日科技連出版社 1972 p.4

18) 谷地美奈子「読み書きの力を高め、定着を図るための指導：視機能の知見を取り入れた指導を通して」『弘前大学教育学部附属特別支援学校 研究紀要』(20) 2014 pp.77-78
19) 村上加代子「読み書きが苦手な児童への英語指導の工夫：研究ノート」『神戸山手短期大学紀要』(54) 2011 pp.113-123
20) 文部科学省「通常の学級に在籍する発達障害の可能性のある特別な教育的支援を必要とする児童生徒に関する調査」2012
21) 加藤俊徳「目の使い方で「視覚系脳番地」はもっと成長する」北出勝也『学ぶことが大好きになるビジョントレーニング』図書文化社 2009 pp.2-3
22) 北出勝也監修『発達の気になる子の学習・運動が楽しくなるビジョントレーニング』ナツメ社 2015 pp.2-3
23) 北出勝也『学ぶことが大好きになるビジョントレーニング』図書文化社 2009 pp.126-137
24) 北出勝也『学ぶことが大好きになるビジョントレーニング２』図書文化社 2012 pp.116-127
25) 北出勝也編著『クラスで楽しくビジョントレーニング　見る力を伸ばして,学力＆運動能力アップ！』図書文化社 2017 pp.106-173
26) 北出勝也監修 前掲22) ナツメ社 2015 pp.30-33
27) 松岡哲雄「ビジョントレーニングの啓発活動の取り組み ― 保育者養成校の学生を通して ― 」『幼年児童教育研究』(30) 2018
28) 池田美由紀・鬼頭昭「視力低下幼少児の増加とテレビゲームとの関連について：low teen-agersのテレビゲーム接触動態の調査を通しての一考察」『保健の科学』41(5) 1999 pp.391-397

【第４章】
1) 谷田貝公昭監修『6歳までのしつけと子どもの自立』合同出版 2007
2) William C.Dement（藤井留美訳）『人はなぜ人生の3分の1も眠るのか？― 脳と体がよみがえる！「睡眠学」のABC ―』講談社 2002
3) 前橋明編著『幼児体育 ― 理論と実践 ―（初級）』第5版 大学教育出版 2016
4) 前橋明編著『コンパス 幼児の体育 ― 動きを通して心を育む ―』建帛社 2017
5) 前橋明編著 前掲 3)
6) 前橋明編著 前掲 4)
7) 関根道和「心配な眠り（7）寝ぬ子は太る」富山大学大学院医学薬学研究部保健医学『チャイルドヘルス』10(9) 2007
8) 高橋彩紗他「3歳児の睡眠時間がその後の肥満に与える影響の縦断的検討」『厚生の指標』59(6) 2012

【第５章】
1) 厚生労働省「平成30年（2018）人口動態統計月報年計（概数）の概況」2019
2) 独立行政法人日本スポーツ振興センター「学校の管理下の死亡・障害事例と事故防止の留意点＜平成21年版～平成24年版＞」2010～2013
3) 独立行政法人日本スポーツ振興センター「学校の管理下の災害 平成25年版～平成30年版」2013～2018
4) 独立行政法人日本スポーツ振興センター「学校の管理下の災害 平成30年版」2018
5) 独立行政法人日本スポーツ振興センター「学校における突然死予防必携改訂版」第2版1刷 2011
6) 厚生労働省 前掲 1) 2018
7) 市丸智浩・樋口収・足立雄一他「宿題報告、小児における気管・気管支異物の全国調査結果 ― 予防策

の推進に向けて —」『日本小児呼吸器疾患学会雑誌』(19) 2008 pp.85 – 89
8) 今井丈英・足立雄一・市丸智浩他「宿題報告、第2回小児気管・気管支異物に関する全国調査結果」『日本小児呼吸器学会雑誌』(29) 2018 pp.114 – 121
9) 厚生労働省「2017年度 家庭用品等に係る健康被害 病院モニター報告」2018
10) 総務省消防庁「平成30年版 救急・救助の現況」2018
11) 一般社団法人 日本蘇生協議会監修「JRC 蘇生ガイドライン 2015」オンライン版 2016

【その他】
池上晴夫『新運動処方』朝倉書店 1990
今井七重編『演習 子どもの保健Ⅱ』第6版 みらい 2017
大西文子編著『子どもの保健 演習』中山書店 2017
春日晃章他編『新時代の保育双書 保育内容 健康』第2版 みらい 2018
厚生労働省『保育所保育指針解説』フレーベル館 2008
厚生労働省「保育所における感染症対策ガイドライン(2018年改訂版)」2018
産婦人科診療ガイドライン産科編「CQ611 妊娠中の水痘感染については?」日本産婦人科学会 / 日本産婦人科医会 2017
汐見稔幸監修『保育所保育指針ハンドブック〈2017年告示版〉— イラストたっぷりやさしく読み解く』学研教育みらい 2017
柴岡三千夫『幼児体育指導教範』第7版 タイケン本社 2001
新保育士養成講座編纂委員会編『新保育士養成講座 改訂2版第7巻 子どもの保健』全国社会福祉協議会 2015
民秋言・穐丸武臣編著『保育内容健康〔新版〕(新保育ライブラリ 保育の内容・方法を知る)』第6版 北大路書房 2017
津金美智子・小野隆・鈴木隆編著『健康(新・保育実践を支える)』福村出版 2018
内閣府・文部科学省・厚生労働省『幼保連携型認定こども園教育・保育要領』フレーベル館 2014, 2017
内藤貴雄『ビジョントレーニングで能力アップ』法研 2015
日本救急医療財団心肺蘇生法委員会『救急蘇生法の指針〈2015〉市民用・解説編』改訂5巻 へるす出版 2016
野井真吾「幼稚園児における運動・遊び経験と運動能力および前頭葉機能との関連性 — 横断的検討ならびに遊びによる介入 —」横断的検討ならびに遊びによる介入『発育発達研究』(37) 2008 pp.25 – 37
服部右子・大森正英編『図解 子どもの保健Ⅰ』第2版 みらい 2017
福島菊郎「Special Review 前頭葉による眼球運動の符号化」『細胞工学』22(5) 2003 pp.553 – 559
福島菊郎「滑動性追跡眼球運動の発現と実行における前頭葉の役割」『神経眼科 ＝ Neuro － ophthalmology Japan』22(3) 2005 pp.430 – 435
巻野悟郎他編『保育のための救急傷病看護ハンドブック』同文書院 1986
増本利信『ビジョントレーニングを用いた「見ること」への支援 通常学級のユニバーサルデザインと合理的配慮』金子書房 2016 pp.130 – 134
松岡哲雄・吉村奈央未「幼児期におけるビジョントレーニングを取り入れた運動遊びに関する研究」『幼児体育学研究』9(1) 2017
松岡哲雄「小学校1年生における登り棒の段階的指導法について」『幼年児童教育研究』(31) 2019
三村寛一・安部惠子編著『保育と健康』〔改訂版〕嵯峨野出版 2013
三村寛一・安部惠子編著『新・保育と健康』嵯峨野書院 2018
宮崎豊・田澤里喜編著『保育・幼児教育シリーズ健康の指導法』玉川大学出版部 2014

宮下光正他編『子どものスポーツ医学』南江堂　1987
無藤隆『平成29年告示　幼稚園教育要領　保育所保育指針　幼保連携型認定こども園教育・保育要領　3法令改訂（定）の要点とこれからの保育』チャイルド本社　2017
無藤隆監修『幼稚園教育要領ハンドブック〈2017年告示版〉― イラストたっぷりやさしく読み解く』学研教育みらい　2017
無藤隆監修『幼保連携型認定こども園教育・保育要領ハンドブック〈2017年告示版〉― イラストたっぷりやさしく読み解く』Gakken保育Books　2017
村上加代子「読み書きが苦手な児童への英語指導の工夫：研究ノート」『神戸山手短期大学紀要』(54) 2011 pp.113 – 123
文部科学省『小学校学習指導要領解説　体育編』東洋館出版　2018

索　引

A

AED（自動体外式除細動器）116, 118, 120, 121, 122, 123

C

Compression（圧迫）104, 105

E

Elevation（挙上）104, 105

I

Icing（冷却）104
ISO 玩具安全規格　112

J

JRC 蘇生ガイドライン 2015　117, 118, 123

R

Rest（安静）104
RICE 処置　104

S

ST 基準・ST マーク制度　112

あ

あえぎ呼吸（死戦期呼吸）118, 119
あおり歩行　32, 33
足型測定　33, 34, 35
足指ジャンケン　38
アドルフ・ポルトマン（Adolf Portmann）27
安全管理　99, 102, 103, 104
安全教育　97, 99

い

生きる力　2
一次救命処置（BLS）116, 117, 118
一般調査による乳幼児の運動機能通過率　23, 25
衣服の着脱の自立　91, 92
医薬品・医薬部外品の誤飲事故　111
咽頭結膜熱（プール熱）127, 130, 131
インフルエンザ　98, 125, 126, 127, 131, 132

う

浮指　33, 35
動きのある遊具　72
動きの洗練化　43, 47
動きの多様化　43
内側縦アーチ　32
運動習慣　42, 44, 72, 73

え

エストロゲン　16
嚥下反射　28, 29

お

凹型（ハイアーチ）35

か

カーラーの救命曲線　116
概日リズム（サーカディアンリズム）93
回復期　128, 132, 133
カウプ指数　17, 18
カタル期　128, 132
学校生活管理指導表　102
学校において予防すべき感染症　124
学校保健安全法施行規則第 18 条　124
紙鉄砲　75
紙飛行機　74
体のバランスをとる動き　43, 45, 46, 47, 48, 73
体を移動する動き　43, 45, 46, 47, 48, 73, 76, 77
ガラント反射　30
眼球運動（入力機能）80, 85
玩具の誤飲　112
間接圧迫法　106
学校感染症と出席停止の基準　126

き

キーゼルバッハ　106
気道異物吸引事故　108
気道内異物除去　109, 118
基本的生活習慣　89
ギャラン反射　29, 30

吸啜反射　28, 29
胸部突き上げ法　109
金属製品の誤飲　112

く
空間知覚（空間認知）　82
空気感染　124, 125, 128, 129, 133

け
痙咳期　132, 133
経口感染　92, 124, 133
形態知覚（形態認知）　82, 86
ゲーム名：朝、昼、夜　53
ゲーム名：色々な座り方　49
ゲーム名：鉛筆転がり　58
ゲーム名：雷ゴロゴロ　57
ゲーム名：グリンピース・チョコレート・パイナップル　62
ゲーム名：しゃがみ鬼（座り鬼）　60
ゲーム名：手裏剣忍者　55
ゲーム名：た、た、たこ（ルール１）　66
ゲーム名：た、た、たこ（ルール２）　67
ゲーム名：たことたぬき（ルール１）　68
ゲーム名：たことたぬき（ルール２）　70
ゲーム名：だるまさんが転んだ（簡略化バージョン）　63
ゲーム名：並びっこ競争　51
ゲーム名：まねっこまねっこできるかな？　65
化粧品の誤飲　113
結核　125, 126, 127, 133, 134
原始反射　23, 26, 27, 28, 29, 31

こ
誤飲時の対応　114, 115
口唇探索反射　28
行動体力　39, 40, 42, 47
行動を起こす能力　39, 40, 41
行動を持続する能力　39, 40, 41
行動を調節する能力　39, 40, 41, 47
ゴールデンエイジ　41
骨芽細胞　16
骨髄腔　16
骨粗鬆症　16
子どもの生活リズムを確立　93

さ
三大唾液腺　15

し
視空間認知　80, 82, 83, 84, 85, 86
思考力、判断力、表現力等の基礎　2
資質・能力とは　2
（視性）立ち直り反射　31, 32
姿勢反射　27, 31, 100
疾病予防としての清潔　92
自発性、自己報酬性、自己完結性　44
社会習慣としての清潔　93
障害事故　99, 100
小泉門　12
小児用パッド　121, 123
小児用モード　121
食育を通じた望ましい食習慣の形成　5, 8, 89, 90
食品類の誤飲　112
心停止　118, 119, 123
心肺蘇生法　107, 109, 116, 118
新聞たたみ　37
新聞破り　37, 74

す
水痘（水ぼうそう）　125, 126, 127, 129, 130
睡眠・覚醒リズムの確立　95
スキャモンの発育・発達曲線　9, 12, 40, 41, 80
髄膜炎菌性髄膜炎　127, 134

せ
生活リズムの乱れと体温異常や肥満　93
清潔習慣　92, 93
生理的早産　27
生理的体重減少率の計算式　11
接触感染　124, 128, 129, 130, 131, 132, 133, 134
背反射　30
洗剤類の誤飲　113
洗濯用パック型液体洗剤　113

そ
即座の習得　41
足底把握反射　29, 30
側彎反射　30
外側縦アーチ　32

た
体温異常の子ども　94
大泉門　12
体内時計　93

体内リズム 93
第二種感染症 124, 128
タオル引き寄せ 37
たばこの誤飲 110, 111
探索反射 28, 29

ち
力強さ 41
知識及び技能の基礎 2
チャイルドレジスタンス容器（CR容器）111
跳躍性眼球運動 80, 81, 82, 85, 86
直接圧迫法 106

つ
追従性眼球運動 80, 81, 82, 86
土踏まず 32, 33, 35, 36, 37

て
清潔に関する生活習慣 92
適切に体を動かす能力 80, 82, 83, 84, 86
デコパネ 33, 34
手先の巧緻性 92
電池の誤飲 112

と
動作の習得 40, 41, 76

に
日本版デンバー式発達スクリーニング（DENVER Ⅱ）23, 24
乳幼児（女子）身体発育曲線：胸囲 22
乳幼児（女子）身体発育曲線：身長 20
乳幼児（女子）身体発育曲線：体重 21
乳幼児（女子）身体発育曲線：頭囲 23
乳幼児（男子）身体発育曲線：胸囲 21
乳幼児（男子）身体発育曲線：身長 19
乳幼児（男子）身体発育曲線：体重 20
乳幼児（男子）身体発育曲線：頭囲 22
乳幼児の身長体重曲線 19

ね
熱中症の予防 108
ねばり強さ 41
年齢に応じた衣服の着脱 91
年齢に応じた排泄の自立 91

は
把握反射 26, 29, 30
パーセンタイル値 17
パーマー反射 30
排泄を促す際の注意点 91
背部叩打法 109
ハインリッヒの法則 103, 104
育みたい資質・能力 1, 2, 3
破骨細胞 16
発達の方向 23, 25
バビンスキー反射 29, 30
パラシュート反射 31, 100

ひ
（非対称性）緊張性頸反射（ATNR）29, 30
飛沫感染 124, 125, 126, 128, 129, 130, 131, 132, 133, 134
肥満度（幼児・学童）18
百日咳 127, 132, 133
ヒヤリハット 103, 104

ふ
風疹 128, 129
腹部突き上げ法（ハイムリック法）109
プラスチック製品の誤飲 112
プランター反射 30
不慮の事故 97, 98, 108
プレゴールデンエイジ 41
文具類の誤飲 113

へ
扁平足 32, 33, 35, 36

ほ
防衛体力 39, 40, 42
ポール・マクリーン（Paul MacLean）12
歩行反射 29, 30
捕捉反射 28, 29
ボタン型電池 112, 113, 114, 115
発疹期 128
ホッピング反射 31, 32
ボディーイメージ 64, 80, 82, 83, 84, 85, 86, 87
哺乳反射 28, 29
骨のリモデリング 16

ま
麻疹（はしか） 125, 126, 128, 129
学びに向かう力、人間性等 2

み
三日ばしか 129

め
眼と体のチームワーク 80, 82, 83, 84, 85, 86, 87
目と手の協応動作 92
メンコ 75

も
モロー反射 28, 29

よ
用具などを操作する動き 43, 45, 46, 47, 48, 73
幼児期運動指針 42, 43, 46, 84
幼児期の終わりまでに育ってほしい姿 1, 2, 3, 6
横アーチ 32

り
流行性耳下腺炎（おたふくかぜ） 125, 127, 130
両眼のチームワーク（両眼視機能） 80, 81, 82, 85

る
ルーティング反射 28

れ
レンジャー部隊 78

わ
ワニ歩き 64, 78

■著者紹介

松岡　哲雄　（まつおか　てつお）

最終学歴：兵庫教育大学大学院　学校教育研究科　学校教育学専攻　修士課程　修了
資格：幼稚園教諭専修免許状、保育士資格、小学校教諭専修免許状、特別支援学校教諭二種免許状等
　　　日本幼児体育学会認定　幼児体育専門公認指導員（PROFESSIONAL LEVEL）
現在の所属先：京都西山短期大学（専任講師）、小田原短期大学（非常勤講師）、一般社団法人　子どもの発達を促す運動遊び協会（代表理事）、公益財団法人　長岡京市スポーツ協会（子どもスポーツ委員会アドバイザー）

　幼児・児童を対象とした大手体育教室で体育や野外活動などを担当する。その後、公立小学校の教諭として教鞭をとりながら、休日にボランティアで運動に躓きのある子どもに対し、運動遊び教室を展開する。現在は法人格を取得し、（一社）「子どもの発達を促す運動遊び協会」を立ち上げ、運動面、生活面、学習面などでの躓きの見られる子どもに対しては、ビジョントレーニングを取り入れた運動遊び教室などの活動をしている。ならびに、ビジョントレーニングの普及・振興のため、ビジョントレーニングのセミナーやラジオ番組でのパーソナリティとしても活動中である。

〈論文〉
- 幼児期における体力の課題と展望についての一考察　西山学苑研究紀要第14号　2019年3月
- 小学校1年生における登り棒の段階的指導法について　幼年児童教育研究(31)　2019年3月
- ビジョントレーニングの啓発活動の取り組み ― 保育者養成校の学生を通して ―　幼年児童教育研究(30)　2018年3月
- 幼児期におけるビジョントレーニングを取り入れた運動遊びに関する研究　幼児体育学研究9(1)　2017年3月
- 幼児期の運動遊び ― 幼少連携の視点からの概観 ―　大阪キリスト教短期大学紀要第55集　2015年10月
- 幼稚園での経験と小学校のなわとび運動の関連 ― 小学校での思い出作文の分析から ―　幼年児童教育研究(27)　2015年3月
- 幼児期の体験が小学三年生のなわとび技術に及ぼす影響 ― 作文分析から ―　兵庫教育大学修士学位論文　2010年3月

〈書籍等出版物〉
- ビジョントレーニングの教育力　共著（担当執筆：第2部：幼児期・学童期におけるビジョントレーニングの応用 pp.35-74）八千代出版　2018年9月
- クラスで楽しくビジョントレーニング　北出勝也編著（担当執筆：第Ⅱ部実践編 pp.140-144）図書文化　2017年7月

保育内容・健康

2019年11月30日　第1刷発行

著　者　松岡　哲雄　　Ⓒ Tetsuo Matsuoka, 2019
発行者　池上　淳
発行所　株式会社　青山社
　　　　〒252-0333　神奈川県相模原市南区東大沼2-21-4
　　　　TEL 042-765-6460（代）　　　FAX 042-701-8611
　　　　振替口座　00200-6-28265　　ISBN 978-4-88359-365-1 C3037
　　　　URL http://www.seizansha.co.jp　E-mail contactus_email@seizansha.co.jp
イラスト　前川 諄名　林田 瑞紀
印刷・製本　モリモト印刷株式会社

落丁・乱丁本はお取り替えいたします。　　　　　　　　　　　　　　　　Printed in Japan
本書の内容の一部あるいは全部を無断で複写複製（コピー）することは
法律で認められた場合を除き、著作者および出版社の権利の侵害となります。